L'aube le soir ou la nuit

Yasmina Reza

L'aube le soir ou la nuit

Flammarion

ISBN : 978-2-0812-0916-9

à G.

L'homme seul est un rêve. L'homme seul est une illusion. On les rêve dans une solitude emblématique mais les hommes font semblant d'être seuls. C'est un leurre. On les appelle des fauves, mais les fauves sont seuls. Sans doute sont-ils fauves dans leur arène, ailleurs ce sont des animaux domestiqués.

Dans le bureau de la place Beauvau où nous nous voyons pour la première fois, il écoute gentiment puis très vite je perçois, de façon infime, mais c'est une chose qui m'est familière, l'impatience.
Il a compris. Il est « honoré » que je veuille faire son portrait. Il dit, bref vous voulez être là. Je dis oui.

Plus tard, je parle avec mon ami Marc dans un café.
De toute façon vous l'inventerez. Les écrivains ont en commun avec les tyrans de plier le monde à leur désir.
Je dis oui.

Ni paysage. Ni ville. Longtemps je ne verrai rien. Ni lieu, ni lui.

Donc, ce jour, une route le long de rien. Panneaux, bifurcation. Hangars. Lieu du meeting. Engouffrement dans la loge. Il y a sans cesse des choses à picorer. Dans la salle de maquillage préfabriquée, des pruneaux, du chocolat, des pâtes de fruits. Lui picore sans cesse. Picore et engouffre à toute allure. J'avais déjà remarqué qu'il mangeait vite, comme j'avais déjà remarqué qu'il boitait.

En se rhabillant, après le meeting d'Agen, il répète, eux ils veulent diminuer le temps de travail, nous on veut augmenter le pouvoir d'achat. Il l'a déjà dit pendant le discours, devant six mille personnes. Il l'avait dit gravement la veille au soir, lors du dîner, chez lui au ministère (une gravité un peu ridicule, une sorte de test sérieux). Il répète la phrase devant ceux qui ne sont pas à convaincre, il est heureux, il répète les mots en changeant de chemise, encore incrédule et dans l'attente enfantine d'une énième approbation.

Pendant qu'André Glucksmann pose ses questions (chacune durant vingt-cinq minutes d'une voix lente et pédagogique) sur l'avenir de l'Europe, la politique énergétique commune ou le drame africain, il est de plus en plus affaissé dans son fauteuil, le haut du corps configuré pour la patience, les jambes affolées, s'écartant et se resserrant dans un mouvement perpétuel.

À la fin de la garden party du 14 Juillet, il étreint Christian Clavier. Ils s'étreignent à la manière des acteurs. Fous de joie de s'aimer, de se désigner toi mon copain à la face du monde. C'est une étreinte que j'ai vue mille fois, sous toutes les latitudes, des acteurs qui ont à cœur de s'étreindre publiquement, ivres de leur prestation, de cette surhumaine chaleur et ce rire démonstratif. Peu après, enfouissant sa cravate dans le sac noir qu'il emporte à Rome, il me dit, vous avez vu qui était là ? Vous avez vu ?... Non... Les parents de Mathias. (Mathias ?...) Mathias, je crois me souvenir, est un petit garçon qui a été violé et tué dernièrement. La veille, avec Glucksmann et Bruckner, lors de l'entretien de politique étrangère, il avait réussi à glisser Mathias. Dont il m'avait déjà parlé je ne sais plus quand. Les parents de Mathias. Les parents de Mathias étaient là. Je hoche avec componction. Que peut-on faire d'autre ?

Feuilleté les pages du Point au moment de la sortie de son livre *Témoignage*. À côté des extraits, il y a des photos qu'il commente et qu'il a peut-être choisies. Comme souvent, et bien avant que je ne le rencontre, je suis frappée par l'enfance. Enfance, intelligence, habits d'homme. La cravate et le costume ne sont jamais de son âge. Le costume d'homme accentuant je ne sais quelle fragilité. Le rire non plus n'est pas de son âge. Je le trouve élégant ces derniers temps. J'en fais la remarque à Pierre Charon. Il est élégant oui, il est retourné chez Dior. Avant il allait chez Lanvin, Lanvin c'est le must normalement mais il faut réajuster, couper les manches, ce genre de bricole, Dior lui va mieux.

L'observant à la mairie de Palavas-les-Flots écouter celui qui introduit son allocution, j'ai l'impression de voir un petit garçon. Debout, mains croisées, attendant gentiment.

Dans la voiture, Bernard Fixot, son éditeur, murmure, il a beaucoup changé. Il réfléchit sur lui-même, sur qui il est. C'est difficile de s'arrêter pour penser : je le fais, et je le fais pour quoi ? Encore plus difficile pour un homme d'action. Il a beaucoup évolué, continue-t-il. Il a pris une densité, une authenticité. (Son entourage a toujours à cœur de me le vanter sans réserve.) Je demande par rapport à quand ? Mais je ne reçois pas de réponse précise.

Souvent il dit, ça va Yasmina ? Mais cela veut dire, est-ce que ça va moi ? Ça va Yasmina, vous êtes contente ? Vous avez vu les gens, hein ?...

Commentant dans l'avion le bain de foule le long de la plage par 45° et la signature du livre, il dit les gens sont gentils, vous avez vu, et le nombre de gens qui me disent embrassez Cécilia ! Je dis, vous aussi vous êtes gentil. Il balaie ma remarque, les gens ils viennent et je vais les engueuler ?

Les gens dont il parle sont bien habillés dans cette maison de la presse, en plein été par mille degrés. Jolies robes, colliers, maquillage, peu d'hommes en short. Ils font la queue depuis deux heures. Merci Jean-Paul, hein. Allez-y, foncez. Je fonce Alain et j'accélère. Regarde ta mère Jean-Baptiste (qui essaie en tenant le portable à l'envers de prendre une photo), sinon on va se faire engueuler. Je vous admire monsieur, je n'ai pas les mots. Vous le dites avec les yeux Solange, c'est déjà pas si mal. Vous allez réussir. On va essayer Marie-Ange. Dans la rue, en sortant, sous le soleil inhabituel de midi, des bras agglutinés agitent des livres ouverts. Il signe encore quelques pages.

Les gens, une succession de prénoms. Des voix, des mains déjà oubliées.

Dans l'avion du retour. « C'est plus les femmes qui viennent. Elles ont vu la sensibilité !... Tout ça pour enrichir Bernard Fixot ! » Nous rions. Chacun se félicite du succès de la matinée. Et se félicite encore. Il faut redire que c'était bien. Il faut redire avant que les choses s'évaporent.

G. qui a inspiré ce livre, et qui nourrit la même ambition, m'a dit, il faut bien occuper sa vie.

À un chauffeur de taxi, Place Beauvau s'il vous plaît, au ministère de l'Intérieur. Oh là là ! Moi un Arabe vous m'emmenez chez Sarkozy !
Il commence la réunion interne, debout, errant sur place. On ne signe pas un courrier qui finit par *mes salutations* ! Qui écrit mes salutations ? Salutations est une expression de plouc. Mes chaleureuses salutations. C'est pire que la Sécu. Mes chaleureuses salutations ! Incroyable. Pour signer une lettre, on me l'amène trois fois !

Dans le livre de Luc Bondy, il y a cette phrase énigmatique « le trop conduit *sans détour* vers la mort ». Plus haut, il parle de vivre trop. Que signifie vivre trop ? Il me semble avoir toujours écrit sur le contraire. Ou à cause du contraire. À cause de la monotonie, des minutes qui tombent dans le vide, du sentiment de monde manqué. Nombre de phrases sur le désir toujours plus haut que ce qui advient, nombre d'hymnes à l'impatience.

Pendant la réunion, écoutant les collaborateurs l'un après l'autre, fumant le cigare, jambe gauche sur la table et jambe droite mouvante, il ne supporte aucune explication, aucun développement inutile. Bon, bon, quelle est la conclusion ?

Aux préfets de France lors de la réunion concernant la loi sur l'immigration, il parle avec véhémence, il y a une douzaine de préfectures où j'estime qu'on se moque de moi. Si vous ne voulez pas appliquer les mesures du gouvernement, changez de métier. Ce n'est pas une question de droite ou de gauche, c'est une question de loi.

Des premières notes factuelles, il dit ceci, il fait cela. Est-ce neuf ? Est-ce habituel ? Je n'ai aucune clé.

Ça finit toujours mal, dit Ivan. Il n'y a pas de limitation de mandat en France, si on descend de l'estrade c'est parce qu'on est malade, vieux ou battu. Donc déchu.

En politique, ça n'existe pas *la fin d'un beau jour.*

Un autre jour, au sujet de la conquête amoureuse, Marc avait conclu, un échec vaut quarante succès. L'échec est annonciateur de ce qui viendra.

À Lausanne, dans une rue descendante et par grand soleil, une femme d'une soixantaine d'années attend gentiment, assise à un arrêt de bus. La rue est un peu déserte en ce jour d'été, peut-être l'est-elle toujours, c'est une rue calme avec des immeubles bas. La femme est bien habillée, elle est droite, propre et fraîche. Elle attend le bus sagement pour aller visiter une amie (dont j'imagine aussi l'appartement suisse, rangé et un peu obscur) ou déjeuner chez un parent, sa fille, son fils... Elle aussi *occupe sa vie.*

Occuper sa vie, dans la bouche de G., signifie se tenir hors de soi. Peut-on l'imaginer assis, seul, en attente là où rien ne bouge ?

Celui que j'observe, et que j'ai encore du mal à nommer, non plus. Bien qu'on soit saisi par l'isolement que révèlent certaines images, certaines photos. (Une impression assez marquante pour être également à la source de ces lignes.)

L'été sépare. Je le vois de loin. Dans les journaux, à la télévision. Je le vois à Londres, sur France 2, à Arcachon... Il me paraît sombre, sans pugnacité, essoufflé. L'esprit brode, danse sur un fil d'hypothèses. Sa rivale du moment (et de l'avenir ?) n'est que sourire, agressive luminosité.

Jorge Luis Borges aura écrit les plus beaux mots sur la déchirure de l'amour. Lui dont l'écriture est la moins sentimentale qui soit, lui dont le sujet de l'amour est infime dans l'œuvre.
Quelques phrases, à peine, faufilées parmi les épées, les poignards, les lames de toutes sortes.

> *Seul est nôtre ce que nous avons perdu.*
> *Nôtres sont les femmes qui nous ont laissés, étrangers enfin à l'attente, qui est angoisse, et aux alarmes et aux terreurs de l'espérance.*

> *(...) I am trying to bride you with uncertainty, with danger, with defeat.*

Les poètes ont le privilège d'obéir à des lois intempestives, qui ne requièrent ni logique, ni suivi apparent. Ces lois servent une vérité que toute explication trahirait.
De cette liberté, j'use ici.

New York.
La caserne « Engine 54 Ladder 4 » semble réduite comme un jouet. De larges carrelages blancs au mur, et sur celui du fond un filet de basket. De cette caserne, le 11 septembre 2001, quinze

pompiers sont partis sans revenir. Le camion rutilant et irréel rappelle, je ne sais pourquoi, cette photo de lui où on le voit tenir une petite voiture de police des années cinquante. Il sourit à la manière gauche d'un enfant qui montre son cadeau. Dans l'intervention qu'il fait en ce jour anniversaire, il cite les paroles d'*Into the fire* de Bruce Springsteen *May your strength give us strength, may your faith give us faith...* avec un accent épouvantable. Le véritable enfant qui se tient à ses côtés durant la courte cérémonie de remise de la médaille d'honneur aux pompiers de New York a dix ans. Il est presque aussi grand que lui. Orphelin de son père, héros muet de ce bref moment, il fait les gestes qu'on lui dit et ignore tout de ce ministre étranger venu l'enorgueillir.

Quand je dis dans son entourage qu'il a l'air d'un enfant, on me regarde avec stupeur.

Lors du déjeuner à l'Hôtel Pierre, j'explique mon projet à un homme d'affaires qui est devant moi. Je dis, je ne cherche pas à écrire sur le pouvoir ou sur la politique, ou alors sur la politique en tant que mode d'existence. Ce qui m'intéresse, c'est de contempler un homme qui veut concurrencer la fuite du temps. Nicolas (je le nomme !) semble heureux et reconnaissant que je dise ça comme ça.

Il plaisante, je sens bien qui tu es, je pourrais aussi écrire un livre sur toi. Moi je ne peux pas le tutoyer.

Dans ce même déjeuner, parlant des adolescents, il dit, il faut qu'ils deviennent indépendants, il le faut. Ce qui est un problème c'est quand ils deviennent indépendants et pas gentils, gentils c'est le plus important.

Des mots sans relief particulier, les premiers pourtant que j'entends de sa bouche et qui rendent compte d'une vie intime.

Elle note ! rit-il, me voyant sortir le cahier du sac. Je dis je ne peux pas ne pas noter cette phrase.

Vantard. Quel autre adjectif choisir pour le décrire au consulat de France face aux représentants des principales organisations juives ? Peut-être a-t-il raison, les juifs n'ont pas d'affinité avec la modestie. « Je suis numéro un des sondages bien que je sois ami de l'Amérique et d'Israël. Je ne dis pas ça par prétention. J'ai cinquante et un ans, je suis calme. Ne vous laissez pas enfermer par les articles de journalistes stupides qui n'y comprennent rien. Une partie des élites françaises me détestent beaucoup plus qu'Israël et les Américains. » À la fin de la rencontre, il se lève sur une interrogation quant à son avenir, à huit mois de la présidentielle. « We can pray », dit Israel Singer, président du comité exécutif du World Jewish Congress, le seul dans l'assemblée à porter une kippa. « Pray, yes... », murmure-t-il en baissant la tête.

À Washington, dans un petit bureau de la French Americain Foundation, assis sur un canapé, il écoute l'ambassadeur Jean-David Levitte. C'est la première fois que je le vois recevoir des informations, sans impatience et sans intention de réponse. À peine quelques mouvements de jambes, ondulations discrètes. Levitte lui parle des sénateurs Obama et McCain, et du président Bush. En tant que Texan, dit Levitte, Bush demande l'amitié. Schröder l'a trahi. Angela Merkel a bien compris comment faire. Angela a fait comme vous. Elle a établi une relation personnelle avant son élection. Vous le trouverez fort et chaleureux, ajoute-t-il, mais derrière la façade vous allez rencontrer un homme en grand désarroi.

Il n'aime que la ville, dit Jean-Michel Goudard, il n'aime pas la campagne, aller simplement à la rencontre des gens, il faut qu'il le fasse, mais ça le fait chier ! D'abord il n'aime pas le train. Les choses qu'il n'aime pas, il les fait à la lettre. Si tu lui dis, tu dois te dépouiller, il va aller se promener en slip. Il dit, je plais en étant moi-même, pourquoi voulez-vous me changer ?

Ils sont assis, l'un en face de l'autre, deux hommes qui se destinent l'un et l'autre, un jour, à présider leur pays.

— Notre système d'intégration ne fonctionne pas du tout. Un sénateur comme vous, des conseillers comme Condi Rice ou Colin Powell n'existent pas en France. Mes adversaires disent, il va prendre ses ordres aux États-Unis. Comme j'ai vu Bush ce matin, c'est important que je vous rencontre cet après-midi. Ça équilibre.

Si on lève les yeux, on voit Abraham Lincoln, Martin Luther King, Gandhi, J.F. Kennedy riant avec des musiciens noirs. Dans le bureau du splendide Barack Obama, c'est l'idée même de l'Amérique qui est accrochée aux murs.

— Qu'est-ce qui vous sépare de George Bush ?

— Ce qui me sépare de Bush ? Il a été élu deux fois président des États-Unis.

Aucun des journalistes présents dans ce salon du Sofitel ne paraît mesurer l'intelligence de cette réponse, et je ne la verrai nulle part reproduite dans la presse française.

Vite. Loin. Un lieu efface l'autre. Ce ne sont même pas des lieux. Des noms d'endroits, d'hôtels, d'espaces romanesques, ONU, Capitole, Maison-Blanche, traversés au pas de course, couloirs, bureaux, poignées de main (au sommet) échangées pour la réalité de papier. Voilà New York, voilà Washington. Voilà la vie.

Dans *Témoignage*, il écrit : « Aujourd'hui Cécilia et moi nous nous sommes retrouvés pour de bon, pour de vrai, sans doute pour toujours. » À Catherine Pégard, j'avoue ne pas comprendre une telle assertion, dans un livre, objet d'essence quelque peu durable, n'est-ce pas risqué de s'exposer ainsi, ne serait-ce que par orgueil ? Elle s'étonne de ma naïveté. Quelle importance, dit-elle, il n'y a de vérité qu'au présent.

Boulevard Raspail, je rencontre Éric Neuhoff. Je confirme ce qu'il a entendu. (À l'heure de ces premières lignes tout le monde semble surpris de ma démarche.)
— Ne faites pas ça Yasmina, dit-il d'un ton pénétré et amical.
— Mais vous ne savez pas ce que je fais.
— Ne faites pas ça Yasmina, ils sont plus forts que nous.

Lorsque nous nous quittons, je repense à cette phrase et au mot *fort*. Pour être menacé par la force de quelqu'un, il faut se trouver en compétition avec lui.

Ou être affaibli par le sentiment.

Je ne crois pas que le ministre de l'Intérieur soit plus fort que moi.

Souvent j'entends, « quand on part à la conquête du pouvoir suprême »... On me parle souvent du *pouvoir suprême*. D'où vient cette difficulté à considérer la présidence de la République française comme le pouvoir suprême ? Et que serait le pouvoir suprême ? En admettant la possible immanence de cet état.

À la télévision, je ne reconnais pas G. Il dit je veux..., je veux..., je suis celui qui..., je suis le mieux placé pour..., il dit *je* à tout bout de champ. Je le connais pudique et secret. Je souffre de l'écouter.

« Je cherche le silence et la nuit pour pleurer », les mots de Chimène dans *Le Cid*. Les hommes que je contemple veulent le contraire. Surtout pas la nuit, surtout pas le silence. Encore moins les pleurs. Rien qui puisse ressembler au *temps*.

Dans l'avion qui nous emmène en Lozère, il nous donne les chiffres de vente de son livre. Un chiffre minutieux, presque inquiétant dans son détail. Je le lui fais remarquer, il en convient en riant.

— Oui, c'est maladif. Je regarde les ventes, les retours, j'aime les chiffres nets, l'imprécision m'inquiète. L'éditeur me faxe tous les jours. C'est peut-être ça la définition de la maniaquerie. En fait, c'est une drogue. Parfois je demande par régions !

Quelques jours auparavant, il est venu avec Cécilia assister à une représentation de *Dans la luge d'Arthur Schopenhauer*. Il m'en reparle pendant le vol, et cite de mémoire pour ceux qui nous écoutent une phrase du texte... *je m'efforce de redresser mon corps pour qu'il penche vers le tien, pourvu que tu déchiffres ce mouvement obscur, cette orientation d'angle infime...*, phrase pour moi essentielle, en général peu remarquée.

À Rieutort-de-Randon, sur la place du village, une petite foule d'hommes en cravate (je n'aurai jamais vu autant de cravates folles), en képi, en tenue rurale, femmes sur leur trente et un ou en tablier, enfants. Il fait beau, il serre des mains, embrasse, on lui dit, je prie pour vous, il répond, ça ne peut pas faire de mal, il signe des autographes, pose pour des photos de famille, on lui dit un tas de

choses encourageantes, il répond, merci, merci hein. Je voudrais m'arrêter sur ce « hein » souvent entendu. Et sur la façon qu'il a de le faire sonner. Comme si l'interjection recelait plus que le soutien du mot. Faut-il entendre dans ce « hein » un regret, quelque chose qu'il ne sait pas lui-même, ou ne saurait dire, une manière d'excuse pour le temps qui manque, la brutale fugitivité du contact ?
Ou peut-être rien.

Désignant un poster d'âne de la plus haute banalité, chez Lolo, la boucherie-charcuterie, il dit en partant, il est sympa l'âne.

Un homme parmi la foule :
— Bon, allez, tu viens boire un coup ? Quand il sera président, il viendra plus.

Dans l'avion qui nous ramène à Paris, il prononce ces deux phrases.
— J'aime Chimène Badi, À LA FOLIE.
— Je vais vous faire sursauter, je ne considère pas que Dick Rivers soit un naze.

Après la variété, nous glissons vers un autre terrain. Il dit, un jour j'écrirai un livre où je parlerai comme jamais je n'aurais pu le faire quand j'avais de l'ambition.

Plusieurs fois je l'ai entendu dire, quand j'en aurai fini avec l'ambition.

Dans le ciel où nous nous trouvons ce 27 octobre 2006, il répète, l'ambition n'est pas finale, il y a un lendemain de l'ambition. Je mets en doute, non sa sincérité mais la probabilité que ce jour advienne sans que la vie elle-même s'estompe. Il m'objecte que je confonds ambition et désir (il a raison, mais nous ne donnons pas la même signification au terme ambition).

Je veux retracer ses mots, dans cette conversation réelle, la toute première que nous ayons vraiment (et où je le tutoie).

« L'ambition transforme le désir en incandescence, dit-il. Il y a des moments où j'aspire à moins d'in-candescence. Regarde, j'ai tout pour être content, j'ai rêvé d'avoir un parti, je l'ai, j'ai rêvé d'avoir les plus beaux postes ministériels, je les ai eus, j'ai rêvé d'être en situation, je le suis. Mais je n'ai pas d'excitation. C'est tellement rude. On est déjà dans la présidence. Je ne suis plus *avant*. »

« Quand j'étais jeune, je pensais tout est possible. Tout m'était contraire mais je pensais tout est possible. »

Au mot près ce que je pourrais dire.

Novembre. Sous le soleil froid, une corolle noire de caméras, perches, micros, officiers de sécurité, officiels, conducteurs, mécaniciens, journalistes, va d'arrêt en arrêt, d'une place à une autre, absurdement. À Villepinte, sur le terre-plein du dépôt de bus, l'homme que je veux voir et entendre est inatteignable.

Plus tard, dans un local des Transports rapides automobiles, alors qu'il s'exprime, à la suite de l'incendie criminel du bus de Marseille, sur la nature absolue du principe de sanction, un portable sonne (effroyable mélodie) :
« ... À dix-sept ans, on peut comprendre ce qu'est la vie et ce qu'est la mort. La démocratie, c'est aussi un régime qui doit se défendre... Vous féliciterez celui qui a inventé cette sonnerie, ça donne envie de se faire appeler. Il faut qu'on se parle. On a des goûts communs. Bon, j'ai complètement perdu le fil... »

Ce jour, je montre à Milan et Vera Kundera, avec qui je déjeune, deux photos de Nicolas avec des employés de la société et prises le matin même. Ils sont authentiquement excités de le voir sur mon portable. Voilà pourquoi j'aime les Kundera.
Milan, sans le connaître, parle de lui et le définit comme « un homme au-delà des clichés ».

Lors d'un dîner, le psychanalyste Jean-Pierre Winter assure qu'il n'a pour ainsi dire pas d'hommes politiques dans sa clientèle. Il en est ainsi en général dit-il, ce sont des hommes d'action, ce serait incompatible.

Je transpose pour moi-même. Hier n'existe pas.

Deux soupirants (qui me tueront pour ce mot), se rencontrent dans une soirée. La conversation venant sur ma personne, voici l'échange que me rapporte l'un d'eux (afin que je me ressaisisse) :
— Il serait temps de remédier à la fascination de petite attachée parlementaire qu'exerce sur notre amie le monde politique.
— Grand temps !
Et comment comptez-vous procéder ? ai-je demandé.

À Saint-Étienne, juste avant le meeting, en arrivant par la passerelle, je me penche pour voir les six, sept mille personnes qui l'attendent. Regarde, dit-il, tu as fait cinq ans à Londres, deux ans à New York, mais à Saint-Étienne tu n'es rien !

Retour. Il fait nuit. Les hommes habitués entrent dans les voitures. Ministres, conseillers, membres du cabinet. Barrières, phares, route aveugle, aéroport, énumérations qui traduisent quoi ?

Dans un salon de l'aéroport Houari-Boumediene, deux hommes petits sont assis de travers, sur le bord d'un canapé en velours côtelé, jambes croisées, mains posées l'une sur l'autre, secrètement happés par l'épais coussin, luttant chacun pour ne pas s'enfoncer devant les photographes. Messieurs Yazid Zerhouni et Nicolas Sarkozy, ministres d'État et de l'Intérieur de l'Algérie et de la France.

« L'idée que j'ai d'ici, elle me vient des livres. Ce sont les bus bondés, l'arrivée à la mer où le soleil est plus jaune, l'eau plus bleue, les filles plus belles. Moi j'arrive, on me dit que j'ai apporté la pluie et en fait de filles j'ai rien. Je le dis devant Yasmina, la littérature est importante, on se hisse au-dessus de sa condition. »

La horde qui le suit piétine les tombes, enjambe les stèles, court entre les croix, les balustrades, les grilles, les encadrements de chapelles, les innombrables entrelacs en fer forgé du cimetière chrétien, pour lui arracher un mot, une image.
Plus tard, il dira, j'ai été me *recueillir* au monument des Martyrs et au cimetière Saint-Eugène.

Je suis là comme si j'étais en Franche-Comté, dit la photographe Élodie Grégoire qui le suit depuis dix ans. Dans certains voyages avec lui, il m'arrive de ne même pas savoir où je suis, ni quelle heure il est. Ma mère est enterrée au Maroc, continue Rachida Dati, lorsque j'y vais seule, en repartant j'ai un pincement, je me dis, je l'ai laissée, si je suis avec lui, je ne sens rien. Dehors, dans le jardin de la Résidence de France, il s'adresse aux invités et aux caméras, tournant le dos à la nuit, à la baie d'Alger, aux palmes illuminées du monument des Martyrs. La pluie a cessé. Quand il finit de parler, la femme de l'ambassadeur remercie le Seigneur d'avoir tenu le ciel à bout de bras.

Accroché seul sur le mur bleu clair, dans son cadre doré de président, Abdelaziz Bouteflika nous regarde partager le méchoui offert par son ministre. Ses cheveux sont séparés par une raie centrale sans merci, et s'écartent en deux crans gominés d'un marron roux exceptionnel. La moustache poivre et sel est familière, étant portée à l'identique par tous les membres du gouvernement qui sont autour de la table. Le lendemain, en sa compagnie réelle, je constate qu'il a changé de coiffure. Le front n'étant sans doute plus équipé pour maintenir le principe d'une raie, je peux apprécier le périlleux recouvrement du crâne, effectué à partir d'une séparation latérale de l'oreille droite à l'oreille gauche, par une brosse intrépide et sans état d'âme.

Teinture et moustache sont restées les mêmes.

Ils sont séparés par un guéridon et un bouquet de roses, chacun dans un fauteuil, dans cette position trois quarts que je sais commune mais qui n'en demeure pas moins étrange. De chaque côté, alignés en silence, cinq Français de la délégation et quatre ministres algériens. Pas de journaliste, excepté Jean-Pierre Elkabbach qui est là en tant qu'amical témoin.

Nicolas parle le premier.

— Monsieur le Président, on vous retrouve en pleine forme.

— Oui. J'ai eu un accident mortel et je n'en ai aucune séquelle. Pour faire ce métier, il faut une santé de fer.

— Si, par extraordinaire, je deviens président, j'aurai le bonheur de travailler de longues années avec vous.

— Si Dieu le veut.

— Donc moi je dois mon avenir aux électeurs, et vous à Dieu.

Abdelaziz Bouteflika est paisible. Il porte une cravate gris métallisé. Il écoute impassible son interlocuteur et même s'il est d'accord, ne donne jamais l'impression de l'être. On dirait qu'il s'amuse à emprunter des sentiers parallèles, toujours un peu décalés en hauteur. Il appelle Nicolas « cher ami », qui lui, l'abreuve de « Monsieur le Président ». Chacun ayant à cœur de bien manier ces subtiles révérences.

— Vous avez du cran et du caractère. Des qualités essentielles. La souffrance se voit sur votre visage. Vous avez quelques rides. Deux kilos de plus ne vous feraient pas de mal.
— On s'approche de l'échéance monsieur le Président. Mais je ne suis pas anxieux. Je suis prêt.
— Vous allez passer un examen, cher ami. Quand on a bien travaillé, il n'y a rien de déshonorant à échouer. Vous n'avez aucune raison d'être anxieux. Car si ça ne marche pas cette fois-ci, ça marchera la prochaine fois.
— Il faut que ça marche *là*.
— Vous avez un atout de taille, c'est l'âge.
La conversation se suspend.
Abdelaziz Bouteflika assume le silence sans faire le moindre mouvement. Puis reprend :
— ... Qui doit vous donner toute la sérénité du monde.
Nicolas se tait. Il baisse la tête, fixe le sol, ses pieds. Puis revient dans le regard du Président algérien. Qui attend.

Souvenir de cette phrase de Kasparov, *Je peux peut-être battre Kramnik, mais pas le temps qui passe.*

Parmi les notes prises au cours de ce long entretien, se détachent certains mots.
— ... la mondialisation que vous prenez pour un défi et non comme une épreuve. Pour nous c'est une épreuve. Pour vous un défi.

— Vous êtes en train de faire un parcours sans faute mais, je vous le dis amicalement, quand vous êtes ferme, dites aussi autre chose. Soyez ferme, mais dans le même temps, dites que vous êtes sensible aux problèmes sociaux. Dites *en même temps* que les problèmes sociaux ne vous laissent pas indifférent.
— J'entends.

— Moi, j'appartiens à une génération qui voulait la destruction d'Israël. Nous avons échoué. Échoué. C'est fini. J'apprécie cher ami votre position sur Israël. Mais n'oubliez pas qu'il y a un peuple palestinien qui a droit à un État. Et ça manque un peu dans vos intonations.
— J'entends, monsieur le Président.

— N'ayez pas peur. Il ne faut jamais avoir peur. En 89, j'ai tout fait pour ne pas me faire élire. J'ai dit le contraire de ce que les gens voulaient entendre. Pas grave d'être impopulaire.

— Je retiens, monsieur le Président.

Dans l'avion qui nous ramène en France, nous parlons du désir de solitude. Qu'il réfute. Il dit en vrac, de mémoire, l'homme n'est pas fait pour être seul. Quel égoïsme à vouloir être seul. Je ne m'aime pas assez pour désirer la solitude. Se suffire à soi-même, l'expression la plus égoïste... Des formules empruntées, en total décalage avec son intelligence. Sans même parler de la réalité qu'elles peuvent traduire, le recours à ces platitudes révèle une fragilité inattendue.

Il saisit les journaux, Le Figaro, Libération, Le Parisien. Sur chacun son nom et sa photo à la une. Il regarde à peine, feuillette à peine. Il est sombre soudain. Quel mot, quelle pensée, quel souvenir du voyage qui s'est pourtant déroulé au mieux ? Il ferme les yeux. Ajoute les lunettes de soleil. Michel Gaudin (le chef de la police) consulte des dossiers.

Jean-Pierre Elkabbach et moi parlons par-dessus le bruit de l'appareil. Même lorsqu'il se réveille, personne n'ose le déranger. Dans la voiture qui nous ramène à Paris, Jean-Pierre me fait remarquer ce détail, une certaine bascule de son humeur qui le sépare des autres et interdit qu'on brise le silence avant lui. Ils se connaissent depuis des années. Ça n'existait pas autrefois, me dit-il.

Nathan m'appelle dans sa chambre. Je m'assois au bord de son lit, dans le noir.
— Pourquoi c'est toujours le soir ? Le jour, je suis pris dans l'action de la vie. Les copains, le collège, je fais mon sourire mondain... Mais le soir, on a le temps d'être triste.

Que de fois, ces semaines, en réunion publique, dans la presse ou sur les ondes, usant de formules téméraires, G. s'est projeté en de victorieuses affirmations. Peu importe le verdict de l'histoire. Les hommes dont je parle vivent dans un monde où les mots ont le poids de l'hélium. À peine lâchés, ils s'envolent et disparaissent de l'avenir.

Mon ami Serge a eu cette réflexion, à propos de la politique, « C'est un métier de con pour gens intelligents. »

Il est assis sur une chaise en plastique rouge, au côté de Jean-Marie Bockel, sénateur-maire PS de Mulhouse, dans la salle de quartier Don Bosco, pour un échange avec les acteurs de la Coordination territoriale Drouot et le groupe de paroles Femmes. L'un après l'autre, les responsables des coordinations se lèvent, entonnant, micro à la main, la morne musique des mots aplatis, fonctionnels, sans respiration. À quoi pense-t-il, entendant pour la millième fois de sa vie *cessions de responsabilité parentale, groupe de mamans, groupe de paroles, nouvelles formes de solidarité et de mobilisation, service volontaire citoyen, notre part dans le dispositif, partenariat, mise à niveau des moyens humains...* une poésie morte, de mur froid, de classeur, de mortel sérieux ? Où vont ses pensées pendant qu'il se tient sagement sur la chaise de plastique rouge, souriant poliment de temps en temps on ne sait pourquoi ?

Un autographe pour un mari.
— Votre mari, comment il s'appelle ?... Est-ce qu'il est beau ?

Quoi de plus irréel que la traversée au pas de course du marché de Noël à Colmar ?

Son visage fatigué se dénude.
Les gens disent, il ne cache rien, il est transparent. Lui-même le dit, je n'ai rien à cacher, je me montre comme je suis. Il regarde les titres de L'Équipe par-dessus l'épaule de Laurent Solly, son chef de

cabinet, tête penchée sur le côté, appuyée comme le reste du corps sur le dossier du siège, une attitude d'abandon, d'épuisement. Douceur et enfance apparaissent sous les traits. Le visage dénudé échappe à l'interprétation. Je ne vois aucune transparence, au contraire.

« Nos compatriotes, ils sont pleins de bon sens. » Je note cette phrase prononcée chez EADS à Élancourt dans le cadre d'une intervention sur la Sécurité du Futur. Elle me rappelle d'autres exaltations de la sagacité du peuple mais surtout celle, mémorable, de François, député européen en 2002 : « Jospin va gagner. Pourquoi ? Parce que les Français sont intelligents. » Nous étions en petit comité. La phrase était sincère.
Quand on engage sa vie dans un processus démocratique, il est possible qu'on ne puisse s'empêcher d'y croire un peu...

Toujours à Élancourt :
— Je préfère des tribunes vides à des tribunes qui font honte.
Jolie tournure pour se défendre de la démagogie. Néanmoins je doute que la tribune vide soit sincèrement envisageable.

Ils sont tous là, ou presque, les parlementaires UMP, dans le salon de réception de l'Hôtel Beauvau, debout, écoutant sa profession de foi à la veille de sa déclaration de candidature. Plein de têtes connues. Des amis, des ennemis.

À un moment, il dit, je n'ai pas l'habitude de demander et il est normal qu'on ne me donne pas. Profession plusieurs fois entendue, répétée dans d'autres déclinaisons.

Peu importe le contexte de ces mots.

« Dans l'élection présidentielle, celui qui gagne, c'est celui qui dévisse le dernier dans l'escalade de l'Himalaya. Depuis 81, toutes les majorités sortantes ont été battues. Je suis un homme de droite mais je ne suis pas un conservateur. Le Parti socialiste est devenu un parti immobile. Le pire risque consiste à n'en prendre aucun. »

— Ça t'a plu ? dit-il, me découvrant dans la salle après son discours.

Je me trouve désorientée par ce mot de *plaire*. De quoi parle-t-il ? De la prestation ? Du ton, du fond ? Et surtout cette question posée à moi, dont le regard se défend de la séduction première, scrute les formes invisibles, guette les dévoilements d'une matière secrète.

Il va de groupe en groupe, serrant les hommes dans ses bras, ça forme des petits quatuors de conspirateurs, des enfants qui comptent, dans la cour, avant de s'éparpiller pour courir après les souris.

Réunion de campagne dans son bureau.
Il est en chemise cravate. Les autres sont en costume.
Il parle, seul, pendant un long moment. Exprime ses souhaits, donne des instructions. « Sur chaque sujet on doit être les meilleurs. On doit avoir le meilleur site, les meilleures réponses... » Il demande à lire ses projets de discours pour le surlendemain (qui ne sont pas prêts). « Je veux vous dire sans arrogance que je suis la priorité. Sans arrogance. Si on n'a pas de temps pour faire mes discours en temps et en heure, ça n'a pas de sens. Il faut maintenant qu'on ait un niveau d'exigence qui fait que ceux qui ne suivent pas, il faut les virer. »
Je note la prudence avec laquelle ses collaborateurs répondent et le traitent. Prudence, crainte. Mais surtout, quelque chose de dangereux pour lui, l'absence de résistance.

— Ce week-end, dit-il, après Marseille, je rejoins Cécilia et les enfants à Disney.

Nous ne sommes que tous les deux, face à face, à la table dans le Falcon qui nous emmène à Lyon. C'est la première fois, je crois, excepté le jour de notre rencontre, que nous nous parlons seuls, sans témoins.

— Non pas pour Disney, je m'en fous. Pour être avec eux, faire quelque chose. J'adore *faire quelque chose*. J'adore faire des courses, aller quelque part. (La veille, devant les parlementaires, il a dit plusieurs fois, l'immobilité c'est la mort.)

Un peu plus tard, à propos d'Henri Guaino qui collabore à l'écriture de ses discours :

— Guaino, il est difficile mais il a du génie. Ils veulent m'enlever Guaino. Moi j'ai besoin de Guaino. J'ai besoin de gens comme ça, qui ne sont pas lisses. J'aime les fêlés, ils me rassurent.

— Ils te rassurent de quoi ?

— Je ne sais pas... C'est le propre de l'inquiétude, tu ne sais pas d'où ça vient.

De temps en temps, il se tait et me détaille. Il a des yeux doux et rieurs. Je l'ai souvent vu se taire et détailler les gens. De la même façon. Même des gens qu'il rencontrait pour la première fois.

Plus tard encore :

— L'amour, c'est la seule chose qui compte.

— Je ne te crois pas. Si on t'enlevait ta vie sociale, tu dépérirais.

— Si on m'enlevait ma famille, encore plus.

— Si on te mettait avec Cécilia et les enfants à Maubeuge, tu te jetterais dans la rivière.

— Je deviendrais le roi de Maubeuge en deux ans !

Un terre-plein vide avec juste deux trépieds, l'un plus haut que l'autre. Sur la place vide du village, juste devant l'église, à Neuville-sur-Saône, il se tient debout, dans une gabardine bleu marine qui me semble évasée à mi-jambes. À ses côtés, follement droite dans la lumière grise, écharpe claire, veste trois quarts noire, la ministre de la Défense, Michèle Alliot-Marie. Des gens regardent derrière les cordons de sécurité, une curiosité discrète, rien à voir avec les foules habituelles. Tout est silencieux. De temps en temps, la musique militaire, et quelques ordres donnés dans l'air venteux. Le cercueil arrive, placé sur les trépieds. Le drapeau français est déroulé. Le képi du gendarme disparu déposé par-dessus. Personne ne bouge, ni les troupes, ni les pauvres gens de la famille, frigorifiés sous l'auvent à rayures bleu et blanc. Le ministre de l'Intérieur prononce un court discours, puis rejoint sa place sur le côté. La ministre de la Défense remet deux médailles à titre posthume, et retourne près du ministre de l'Intérieur. Ouvrez le ban. Fermez le ban. Reposez. Présentez armes.

41

Aux morts.

Pliage du drapeau. Marche funèbre. Les gendarmes repartent avec le cercueil qu'ils sont six à porter. Quatre autres les suivent, qui portent les coussins avec les deux médailles, le képi et le drapeau plié. Il aura fallu la mort et les honneurs solennels pour que s'impose une halte.

La mort militaire a fabriqué du temps.

Il nous présente dans l'avion. Je la trouve différente de l'image télévisuelle. Plus douce, plus féminine. Je trouve amusant d'être en face de ce couple de ministres plus ou moins rivaux (ils se sont opposés violemment au conseil national, et il est question que Michèle Alliot-Marie se lance dans la primaire contre lui). Je la questionne sur ses expériences à la Défense. Je n'ai pas le temps de finir ma phrase que Nicolas se détourne et se saisit de la presse qui traîne. Visage fermé et déjà altéré par l'ennui, il s'enfonce dans des pages qu'il tourne à une allure anormale. En fin de course, je le vois même feuilleter un magazine féminin inconnu. Nous en sommes au récit d'hélitreuillage d'un sous-marin nucléaire et il n'a plus aucun journal à se mettre sous la main. Michèle Alliot-Marie me raconte sa nuit dans un fort reculé en Afghanistan (qui me passionne) quand, accablé par sa non-existence, il s'introduit dans la conversation pour en changer aussitôt l'orientation. Nous terminons le voyage autour de sujets pour moi infiniment moins excitants, parlant d'édition et comparant nos droits d'auteur respectifs...

Sur le tarmac, avant de rentrer dans sa voiture, il me glisse à l'oreille : « Comme ça tu as vu la différence. »

Il est candidat.

Ne connaissant rien à la dramaturgie politique, j'avoue ne pas comprendre l'importance de cette annonce, s'agissant d'un homme que tout le monde considère comme candidat depuis la nuit des temps. Samuel Fringant, chef de cabinet adjoint, me dit, dans la mythologie présidentielle c'est le moment où tu franchis le Rubicon. Tu ne peux plus revenir en arrière.

Donc ce jeudi 30 novembre 2006, et selon une terminologie toujours renouvelée, « Nicolas Sarkozy s'est officiellement lancé dans la course à l'Élysée ».

Dès le lendemain, Laurent Solly s'enthousiasme au téléphone, « Une petite magie est en train de se mettre en route, je crois que la *mue* est réussie. » Phrases irréelles comme les espaces que nous parcourons.

Quelques jours plus tard, le même Laurent me dira, la réalité n'a aucune importance. Il n'y a que la perception qui compte.

Debout, dans le couloir de France 2, le regardant sur un écran pendant l'émission d'Arlette Chabot qui consacre ses premiers pas de candidat.
Pierre Charon : Comment tu le trouves ?
Y.R. :   Très bon.
Pierre :   Mais pour de vrai ?

Il est affalé sur un canapé bas, dans la loge. Il vient de s'exprimer pendant trois heures. Il est calme, semble content. Serrés autour de lui, les proches, les membres du cabinet. La porte s'ouvre.
— Entre Arlette, viens, viens !
Pendant un court instant, je crois qu'il invite Arlette Chabot à venir s'asseoir sur ses genoux. Le croit-elle aussi ? Elle parvient miraculeusement à s'immiscer entre lui et Jeanne-Marie, la plus jeune fille de Cécilia. Ils sont curieusement collés et elle s'efforce de rester droite.
— Dis-donc toi, lui dit-il, si tu souris pas après une émission pareille, quand est-ce que tu souris ?

À Tiercé. Une femme dans la foule :
— On attend depuis une heure et y a pas moyen

de le voir. Toute une arrivée de Trafalgar et on n'a pas vu la personne !

« Je veux parler pour celui qui pense qu'il n'a pas d'énergie en lui. »
Il me plaît de noter cette phrase, entendue dans son discours d'Angers, car aucun journaliste ne s'y arrêtera.

— Ne vous inquiétez pas. Yasmina est là. C'est parce qu'elle a la faiblesse d'écrire quelque chose sur moi.
Réunion de l'équipe dirigeante dans un salon de l'UMP. Il arrive le dernier et s'assoit à côté de Jean-Pierre Raffarin, présent ce jour en guest-star.
— On a un sondage à cinquante et un pour cent. Ipsos. Qui paraît demain. Je vous demande de prendre tout ça avec froideur. Tout ça ne veut rien dire. C'est aussi peu définitif dans le positif que dans le négatif. S'énerver ne sert à rien. L'autre commence à débloquer plein pot. Elle devient complètement cinglée à expliquer aux Iraniens que le nucléaire civil c'est bon pour nous et pas pour eux.

Jean-Pierre Raffarin prend la parole pour préciser le déroulement des « Forums de l'Union » qu'il coordonne.

— Ces forums sont faits, dit-il, pour exprimer notre diversité. Il ne faut pas que Nicolas les écrase de sa personnalité, de son intelligence, de son talent.

— Il est en train d'expliquer qu'il faut que je fasse le modeste, le calme, tout ce qui me ressemble.

Il le dit en souriant. Ces forums l'horripilent, on le voit à l'œil nu.

— Je n'ai pas à me fixer comme règle de parler autant que Michèle Alliot-Marie. Je ne veux pas de limitation aux questions et à mon temps de réponse. Mais enfin Jean-Pierre, rassure-toi. Je ne suis pas débile, fais-moi confiance, je serai raisonnable.

Il n'est pas raisonnable. Il est tendu, il a des tics de bouche. Il déteste ces forums destinés à le rétrécir, à faire une place artificielle à une autre. Il oscille entre discipline et diablerie.

— Laissez Alliot-Marie. Laissez-la faire ce qu'elle veut. Moi je vais être relax. Je me demande même si je ne dois pas être sans cravate, comme un samedi. Et elle, laissez-la faire. (En aparté à Gérard Longuet, laisse-la, laisse-la faire son discours, qu'elle s'effrite !...)

Il n'est pas en tenue de samedi. Au contraire, il est on ne peut plus strict, chemise blanche, cravate et costume sombres. Il sort de sa loge du CNIT, rejoint par Michèle Alliot-Marie. En piste dans le couloir, les numéros deux et trois du gouvernement, encadrés par les autres protagonistes du forum, sont chauffés à blanc par un meneur débonnaire et surinvesti, Jean-Pierre Raffarin : « Allez, tout le monde est de bonne humeur ! Tous en forme ! Je ne veux voir que des sourires ! »

Est-il raisonnable ? À sa façon. Michèle Alliot-Marie intervient trois fois pendant les deux heures de cette curieuse manifestation où la « diversité » se traduit en phrases vaporeuses, sans le moindre débat, la moindre contradiction, où chacun répète de manière poussive ce que lui ne cesse d'affirmer jour après jour. Pendant que les participants s'expriment, il prend quelques notes, se caresse le menton et la lèvre inférieure, joue avec son Bic, il les regarde sur l'écran en hauteur, puis directement, en s'affublant d'un demi-sourire inconnu, sans doute synonyme de calme radieux (Pierre Lellouche m'envoie un texto : « Ce forum est tragique ! »), il joint ses deux mains, coudes sur la table, il se fend de hochements compassés, il rajuste sa cravate, il applaudit mollement, tripote son portable, puis, soudain, il croise les bras. Il croise les bras et s'adosse. Un geste banal pour n'importe qui, mais que jamais depuis que je l'observe je ne l'avais vu faire, un geste tout à fait surprenant de contrainte physique, de patience exceptionnelle selon son ironique usage du mot, de renoncement. Dans sa loge surbondée où je me glisse juste avant le départ, il me dit en passant la porte : « Ça va toi ?... (Et ajoute tout bas.) Quelle connerie !... »

Un débat d'une très grande qualité, affirmera-t-il en public.

« Le raisonnement de Jacques Chirac – qui me l'a expliqué comme si j'étais un enfant d'école – est que les Russes ont un sentiment national humilié... »
Petit déjeuner avec les experts de la Russie et de la Tchétchénie. Il commence par dire qu'il va écouter avant de donner son avis. Naturellement il intervient tout le temps.
« Bon. Je veux bien que l'orgueil russe soit blessé, mais est-ce une raison pour se taire devant les exactions de Poutine ? La relation franco-russe est creuse. Comme la relation franco-allemande. Comme le traité d'amitié avec l'Algérie. Ce sont des noms. »
Il est le seul à profiter pleinement de ce qui est sur la table, viennoiseries, fromage blanc, café, il veut conquérir cet auditoire jeune, intellectuel, active-ment concerné, dans le registre du garçon qui n'a

pas sa langue dans sa poche, son déploiement de séduction atteint jusqu'à ma vigilante raideur.

« Il devient très important de se débarrasser du Quai d'Orsay. L'ambassadeur de France en Russie, le précédent, un couillon, j'en avais vu, mais là j'ai eu honte... Et l'ambassadeur au Liban, un fameux crétin lui aussi. J'ai honte : appelez-le pour le lui dire à celui-là ! J'ai un mépris pour tous ces types, ce sont des lâches. Quand on est lâche, on ne réfléchit pas... Le type du Hezbollah assimile Israël aux nazis, il le revendique, et lui n'entend rien ? Qu'est-ce que c'est que cette affaire de traduction ? »

D'une douceur extrême. Serge Moati a beau le brusquer, l'interrompre, le ton reste tout de finesse, de pondération, avec quantité de *Monsieur Moati* en virgule modératrice, Monsieur Moati, Monsieur Moati... À un moment donné de l'émission, celui-ci l'invite à regarder un document le montrant il y a vingt ans, il se tourne vers l'écran et dit, c'est toujours difficile pour moi de regarder des images.

Je repère aussitôt cette remarque, faufilée dans l'exercice de circonstance. J'ai déjà écrit sur ces choses. Sur la brutale et nocive émergence des images. Inutiles écorchures. Toutes nos formes passées sont vaines.

Le lendemain, dans le hall du ministère, je lui dis qu'il était bien dans l'émission. Il me répond, tu as vu l'audience ? Meilleur score de la chaîne !
Évidemment. Folie de penser que mon appréciation puisse avoir un quelconque intérêt en regard du taux d'audience.
Erreur identique avec Fabrice Luchini qui, un soir, au théâtre, avait opposé à mes louanges le chiffre de la recette.

Shimon Peres parle français ? Il parle le « Peres », me répond David Martinon, le conseiller diplomatique. En décembre 2002, Didier, qui sortait d'un entretien avec Shimon Peres, m'avait dit, les sept premières minutes je ne savais pas si mes questions le déstabilisaient totalement ou si je parlais avec un leader créole.
C'est pourquoi, parlant de l'entrevue qui va avoir lieu, David ajoute, il vaut mieux qu'ils utilisent chacun leur langue maternelle.
Dans l'âtre, le feu crépite. Ils sont assis face à face, des deux côtés de la cheminée. Tout près du ministre israélien, sa traductrice. Grande femme élégante, installée sans le moindre retrait. Shimon Peres s'exprime donc en hébreu, laissant, tel un poisson dans un bocal, filtrer les mots par d'imperceptibles mouvements de lèvres, aucun mouvement

du corps, aucune expression de visage ne venant dynamiser la voix égale que chacun connaît.

— En tout premier lieu, susurre-t-il, je vous exprime mon estime et les remerciements de mon peuple pour vos déclarations sur l'Iran.

— Ahmadinejad ne devrait pas nier la Shoah – puisqu'il veut en faire une. Il devrait dire je m'inscris dans une tradition historique ! dit Nicolas.

— *Ken.*

— Oui ! s'écrie la traductrice, ajoutant au mot un plissement complice d'œil et de bouche, qui peine à s'éteindre.

Est-ce par volonté de traduire à la fois les mots et l'âme, est-ce par un irrépressible besoin de vivifier l'atmosphère ? L'implication émotionnelle, l'engagement physique et vocal de la traductrice sont tels que très vite elle occupe à elle seule le terrain. Shimon Peres est englouti, et il faut bien l'avouer, Nicolas Sarkozy aussi.

Aucune phrase prononcée ce jour par ces deux gouvernants n'est plus lumineuse à mes yeux que l'incongrue liberté de cette femme.

UMP. Réunion de l'équipe dirigeante.

— J'étais bien dans la Somme ? Sous la pluie. J'avais de jolies bottes, non ?

Debout, près de la porte où se tient le bureau exécutif de son parti, je vois les hommes satisfaits ou amers. Je vois ceux qui sont à ses côtés, incertains ou tranquilles, loin ou près, ceux qui sont dans le groupe, devant, en vis-à-vis, qui s'agitent ou se taisent, je vois les privilèges et la cherté des places.

Au bureau exécutif de son parti où je me tiens près de la porte, je vois les hommes.

— Il faut me laisser aller braconner, dit-il devant cette assemblée qui le soutient. Il faut me laisser surprendre. Au risque de désarçonner. J'essaie de faire au mieux. Tout ne se passe pas toujours comme c'était prévu. J'essaie de tenir compte de ce qu'on me dit, mais pas trop, sinon je ne tiens plus debout. Moi ça fait cinq ans que je me la tape, la primaire. J'ai volé la place de qui ?

J'ai payé cher pour être ici, avait-il dit lors de la réception des parlementaires, je ne suis pas là par hasard.

Et combien d'autres fois ai-je entendu (toujours devant son propre camp) : *je n'ai pris la place de personne.*

Dîner avec Jacques Attali. Il a connu Nicolas Sarkozy avant même qu'il soit maire de Neuilly. Il me dit, il aime le combat, il aime la bagarre. Il n'est pas un rassembleur. On doit l'être quand on brigue la présidence. Mitterrand, Chirac étaient des rassembleurs. Lui non.

Sans cesse les gens me parlent de lui. En bien, en mal. Tout le monde le commente. Il appartient à tout le monde.

J'ai l'impression que la terre entière le connaît mieux que moi.

À moins de cinq mois de l'élection, j'entends chaque jour prédire sa défaite.

Ivan, qui m'accorde l'avantage de la proximité, mais surtout pas de l'analyse, me dit tristement, il est beaucoup plus brillant qu'elle mais elle a la main verte.

Aux ouvriers de Bogny-sur-Meuse, dans le hangar où sa voix résonne, il dit, *Si demain je suis président de la République*.

Pour la première fois, et je ne sais pourquoi, j'éprouve la fragilité, l'incertitude de cette ascension.

Dans l'avion vers Reims, il relit son discours avec Henri Guaino.

Nicolas : ... « Capitulation économique et sociale »...

J'ai changé, j'ai mis « capitulation sociale », j'ai enlevé « économique » car je me suis souvenu que

j'ai été ministre des Finances pendant deux ans...
Tu es quelle page là ?... Sur l'assistanat, laissons
« capitulation intellectuelle » c'est mieux...
Henri : Non, non, j'ai remis « capitulation
morale ».
Nicolas : « Morale » tu crois ?... « Je ne vais pas
pleurer avec vous car ici on ne pleure jamais »...
J'ai changé : « Je ne vais pas pleurer avec vous car
les vraies douleurs on les garde pour soi »... *On les
garde pour soi*, tu vois... Bon. J'ai bien travaillé
quand même ?...
Guaino acquiesce gentiment.

De temps à autre, tandis qu'il répond calmement
aux élèves du lycée agricole de Rethel, on voit
voltiger, comme secoué de rafales violentes, le pan
de nappe qui recouvre sa table jusqu'au sol. Se
croyant protégé par le tissu, il peut vanter l'avenir
des biocarburants en donnant des coups de pied
dans le vide.

Les "presses à ébarber" trouent. Avec une frappe
lourde, un bruit lourd, elles tombent sur l'acier en
fusion. Ce qu'on entend et qui assourdit, ce sont
les presses qui tombent sur les bielles rouges. Un
énorme bras pose la fonte incandescente, la presse
la troue, un autre bras saisit l'objet troué et le
dépose délicatement sur des rails roulants. Après

chaque mouvement, les robots qui posent et déposent, habillés d'un anorak en matière plissée, s'arrêtent une demi-seconde pour contempler la finalité du geste. Les hommes en bleu nous suivent, tenant leur gant à la main. On se promène dans leur antre comme dans un autre pays. Accompagnant le ministre en campagne, pour respirer l'air des forges et contempler le sort des pièces brûlantes.

Dans le salon de l'hôtel, avant le meeting de Charleville-Mézières, il prend le Figaro qui est sur mes genoux, visiblement attiré par un article.
En une, il y a le revers électoral d'Ahmadinejad, et divers sous-titres dont son propre déplacement.
En bas de page, à droite, une publicité.
Après quelques secondes d'attention, il dit, elle est belle la Rolex.

Fin décembre. Dix heures du soir. Après la longue journée des Ardennes.
Il reste avec nous dans la cour de l'Hôtel Beauvau.
D'habitude il sort de sa voiture et s'engouffre par la porte qui mène à son bureau ou à ses appartements. Ce soir, il traîne un peu, il demande encore si la journée était bien. Il est fatigué. Il a son manteau de cachemire bleu qui n'est pas fermé

jusqu'en haut. Il n'a plus de cravate et sa chemise est ouverte. C'est une tenue un peu débraillée pour lui, un peu étrange dans le froid de l'hiver.

Embrassades. Nous nous quittons.

Dans la voiture qui me ramène, je suis étonnée de le voir encore dans l'embrasure, seul, tourné vers la nuit, le cou dénudé dans son ample manteau, faisant des gestes d'au revoir.

« Être adulte, c'est être seul. »

Souvent pensé à cette phrase de Jean Rostand.

À la petite fille âgée d'un jour, j'avais murmuré, tu ne m'appartiens pas, tu vas grandir et je vais t'apprendre à être seule.

Il n'y a pas longtemps, Nicolas m'a dit : « Je sais être solitaire dans les décisions. C'est tout. »

Ils jouent gros. C'est ce qui me touche. Ils jouent gros. Ils sont à la fois le joueur et la mise. Ils ont mis eux-mêmes sur le tapis. Ils ne jouent pas leur existence, mais, plus grave, l'idée qu'ils s'en sont faite.

Dans le film de Patrick Rotman sur Jacques Chirac, on le voit en 1980, c'est-à-dire à vingt-cinq ans, en paraissant quatorze, cravate, coupe brushée d'étudiant de droite.

« À l'époque, on est jeune, dit-il interrogé récemment dans le même film, on est assez exalté, et la politique nous donne ce qu'on en attendait, c'est-à-dire des émotions, des vibrations, parfois même des exaltations. »
Il ne dit rien de comparable sur sa vie d'aujourd'hui. Au contraire.
Ce matin, phrase de Daniel de Crozefon : « Loin, l'émotion m'enthousiasme. Près, elle m'assaille. »

Il croit en l'aide surnaturelle. Quand les gens lui disent, je vais prier pour vous, il les encourage sincèrement. Il m'a raconté qu'on avait pour lui, en Afrique, sacrifié un taureau gris. Tu crois à ça, toi ? ai-je demandé. Dans ma situation, je suis prêt à croire à tout.
Ce matin dans Libération, un astrologue et deux voyantes prédisent sa défaite. Il est en vacances à l'étranger. J'espère qu'il ne va pas lire le journal.

Étrange après-midi passé à l'agence Gamma à regarder les photos d'Élodie Grégoire. Je me cantonne aux deux dernières années par manque de temps (et par épuisement).
Sortent aussitôt du lot toutes celles où il est déguisé. En infirmier, en chimiste, en Africain en boubou, en fromager, en fondeur... Aucune tenue n'est vraiment assumée, aucune ne fonctionne, il

manque des éléments, il manque le bonnet, le casque, la charlotte, le tablier n'est pas fermé ou mis de travers, le costume fait rage sous la tunique. Il ne trouve jamais son envol dans ces panoplies. Je retiens d'autres photos, plus habituelles. Des gestes de main, de doigts, des positions que je commence à bien connaître, toujours les mêmes. Debout avant une intervention publique, mains croisées, jambes un peu écartées, yeux baissés, regardant le sol. Même si on cachait le visage, je l'identifierais aussitôt.

Quelques-unes le montrent se promenant seul (avec deux gardes du corps invisibles) dans Paris. En février 2006. Il s'est arrêté pour parler avec un vendeur de timbres. Ils rient tous les deux. Il porte un manteau foncé et une écharpe bleu roi. Il rit avec le vendeur, les deux mains serrées derrière son dos. Il n'est ni pressé, ni en représentation. Le vendeur est plus âgé, bien couvert, tranquillement assis dans son échoppe. Il ne semble pas intimidé. Cette photo absolument banale est la plus extra-ordinaire de toutes (d'ailleurs, Élodie me dira qu'il a souvent reparlé, comme d'un événement, de cette balade dans les rues, improvisée avec elle après une séance officielle).

Mais de ce long défilement d'images sur l'écran restent surtout une infinité de non-lieux, de tribunes, de palissades en béton, de marches d'avion, de halls, de banquettes officielles avec des personnalités interchangeables, des arbres épars derrière des voitures noires, masquant le plus souvent des ensembles hideux, et dans ces constants décors, le même homme, toujours au centre de tout, répétant les mêmes efforts.

« Pour son dernier bain de foule de l'année, Nicolas Sarkozy a choisi le marché de Noël d'Orléans... » peut-on lire dans un journal. Un *bain* amer et agité, d'un côté ceux qui hurlent Sarko-Président, de l'autre Sarko-partout-justice-nulle-part et autres invectives. Ce sont les mêmes, atteints par une même hystérie vociférante, et victimes d'une même dissolution de l'être dans la foule.

À Marseille, ce jour, une femme perchée sur un feu rouge : « Qu'est-ce que tu fais chez nous putain de ta mère ! Casse-toi ! »
Il lève les yeux vers elle. Puis continue en souriant sa marche houleuse.
Si souvent, je l'ai vu attraper des journaux, les regarder vite, sans lire, vite tourner les pages. J'ai mis longtemps à comprendre ce que je voyais tant l'esprit se satisfait d'idées reçues, ils sont blindés, ils ont la peau dure... Un jour, subitement, une évidence m'a frappée et j'ai dit, tu te protèges ? Il faut bien, a-t-il répondu.

Plus tard, quand il sort du commissariat central de Noailles, il se fait siffler et huer par un attroupement spontané.

À une journaliste qui lui demande, dans l'avion de retour, d'interpréter les réactions violentes qu'il suscite, il répond à côté, en s'abritant derrière un vague discours sociologique. J'en suis étonnée car ce n'est pas son habitude d'esquiver ou de contourner les questions.

Je me trouve seule avec lui dans son petit salon. J'aimerais savoir ce qu'il a retenu de cette journée pour partie hostile. Derrière nous, la table est mise joliment pour le dîner de réveillon. Je lui ai demandé s'il voulait bien que je regarde les derniers vœux du président en sa compagnie. Je ne suis pas complètement sûre qu'il les aurait regardés sans ma requête. Je n'en sais rien. Il porte une chemise blanche et une veste en velours noir. Pas de cravate. Il ne sait pas allumer la télé, il appelle, plusieurs fois il demande, c'est à quelle heure les vœux ? Musique républicaine.

Il s'assoit avec un jus d'orange.

Jacques Chirac apparaît. Il a les yeux exorbités et son teint est d'une pâleur mortelle. Nicolas dit, hou là ! Plus tard il dira, je ne sais pas si c'est la télé ou lui... (c'est la télé).

Nous écoutons en silence. Je passe sur le dodeli-
nement de la tête et les habituels mouvements de
jambes, assez légers.

Il ne réagit sur rien, ou presque. Je ne peux croire
ni à l'indifférence, ni au détachement. Il n'attend
rien sans doute de cette ultime intervention mais
je ne peux ignorer l'influence de ma présence, et
le fait que je l'ai entraîné pour une fois à « poser ».
Cécilia arrive. Elle s'assoit. Se relève, s'occupe du
feu, de la lumière, du fil télé, consulte son Black-
berry. Puis entreprend de regarder.

Le président disparaît. Nicolas coupe le son et
refuse d'écouter le reste des informations. Ses
commentaires : « Convenu et démodé. Aucune
hauteur. À sa place, j'aurais dit, voilà je vous ai
servi pendant douze ans, une nouvelle époque s'annonce... » Mais, quelques minutes plus tard, alors
que nous parlons déjà d'autre chose, il dit, avec
vivacité lui-même : « En même temps, j'ai trouvé
qu'il y avait de l'énergie chez le vieux lion. »

Il est allé la chercher lui-même. Cadeau de Noël
de Cécilia, dit-il.
C'est une grande photo en noir et blanc, encadrée,
signée Harcourt, de ses trois fils, les deux aînés
encadrant le petit.
— C'est une idée de Cécilia, c'est elle qui a eu
l'idée. Elle m'a fait la surprise. C'est son cadeau de

Noël. Ça n'a pas été facile à réaliser, pour les réunir ces trois-là ! Elle m'a fait un beau cadeau, Cécilia. Ce n'est pas la photo qu'il montre. Mais le geste de Cécilia. C'est le geste de Cécilia qu'il pose sur les bras d'un fauteuil.

À minuit, nous nous embrassons. Nous sommes en l'an 2007. Mais nous nous embrassons comme s'il s'agissait d'une année normale. Il est manifeste qu'il le veut ainsi.
Nous nous quittons dans le hall de Beauvau. Il est souriant, il part dans le jardin avec Big, le chihuahua dont il a honte.

Un jour G. m'a dit, je suis éternel.
Phrase irritante et décisive.
Ce matin, premier jour de l'année, découvrant le mot de G., j'ai la preuve qu'il se pense éternel. Il ne voit pas la mort arriver. C'est un génie de la distraction. Comment fait-il ?
Contrairement à mon préjugé de départ, je ne suis pas sûre que Nicolas Sarkozy soit doué de cette enviable frivolité face au passage du temps.

Déjeuner avec Jean-Michel Goudard.
Il a pris froid en courant dans le bois. Nous parlons du rythme de ses joggings. Il dit avoir manqué de

constance ces temps-ci. « Mais je m'entraîne pour surprendre Nicolas. Avant je lui en mettais plein la vue, maintenant il a fait des progrès, il fait une heure. Moi je ne tiens pas une heure à son rythme. Mais je m'entraîne à nouveau. Ce que je voudrais, c'est rester derrière lui – de toute façon Nicolas ne supporterait pas que je sois devant – et lui mettre une beigne à l'arrivée. Tu vois, le dépasser tranquillement, très cool, dans les derniers mètres pour lui montrer que j'ai de la réserve. Après je le laisse finir en tête pour lui faire plaisir. » Jean-Michel Goudard a soixante-huit ans.

Il reste tant de jours. Tant de semaines. Tant de mois. Compté et recompté, à tout propos, le temps qui sépare du 6 mai. Selon l'humeur, il dit c'est long ou c'est court.

Réunion de campagne. La première de l'année.
Autour de la cheminée, dans son bureau, assises en demi-cercle, une quinzaine de personnes. Des membres de son équipe habituelle et des membres de la société civile. Il me semble qu'il y a trop de monde, que l'essentiel se dilue.
Lui est toujours à sa même place, près du feu, jambes agitées, cigare.
« Les réunions avec les politiques sont plus faites pour les rendre heureux que pour écouter des

conseils. Donc voilà comment je vois la campagne. D'un côté, un groupe opérationnel, vous. De l'autre, un petit groupe politique pour les rendre heureux. »

Ajaccio.
Les élus socio-professionnels sont sinistrement assis autour de tables rondes dressées pour le déjeuner. Je le vois de profil, debout devant le micro. Je vois le cou rentré, la bosse du bison, bien que légère, la veste aux pans flottants ; si le ventre poussait, me dis-je, et si les cheveux blanchissaient, il prendrait l'allure fade des bêtes essoufflées de la politique, il en faut peu, me dis-je, pour glisser vers cette apparence, ce danger qui les guette, si la vie ne tourne pas au meilleur, et qui n'est pas seulement une défaite pour le corps.

Une heure plus tard, à la préfecture, lors d'une réunion restreinte de Sécurité intérieure, il parle aux flics comme un flic. Assis en carré avec les différents acteurs, commissaires, enquêteurs, patron des RG, patron des CRS, il est des leurs.
— Tapez. Tapez. J'ai confiance. Ne les laissez pas respirer. Traquez-les. J'en ai marre qu'il y ait des enterrements avec cinquante mafieux qui se pointent.

Timbre rauque, œil en coin. Robert Stack dans *Les Incorruptibles*.

— Pas de lien entre la mafia et les élus ?

— Il y a des enjeux locaux et des enjeux dans le domaine des travaux publics.

Il hoche la tête. En homme de terrain qu'il est lui aussi. Un taciturne donc.

Puis, parlant bas.

— N'hésitez pas. Je n'ai pas d'amis. En tout cas je ne veux pas d'amis qui aient les mains dans le truc. Allez-y.

« On le verra mieux à la télé », dit une habitante. Il est à côté d'elle, invisible à moins de trois mètres, entouré de son habituel essaim de micros et caméras. Arrivés en hélicoptère à Sainte-Lucie-de-Tallano, nous traversons à pied le village jusqu'au gîte rural, en passant par un ancien moulin à huile restauré. Un haut-parleur accroché dehors restitue les voix de ceux qui s'expriment dans la petite salle du site d'étape. On entend aussi le vent léger et un son de ruisseau. Et les mots qui s'en vont mourir par-delà la route, dans le soleil couchant de l'hiver, projet fédérateur, territorialisation, développement micro-régional, ruralité... Il n'a rien vu. Il n'a pas vu les pins, les cerisiers dénudés encadrant les maisons génoises, les cheminées fumantes. Il n'a rien vu en dehors de la nuée noire marchant à reculons devant lui, il s'est avancé comme sur n'importe quel trottoir, parlant aux journalistes, aux élus, à quelques personnes chanceuses. Il n'a pas cherché à voir, pas une fois il n'a écarté l'infernal rideau, ne s'est approché du muret qui surplombe les beautés accidentées. Pas une seule fois il n'a voulu s'arrêter. Ne serait-ce que quelques secondes pour regarder les bâtisses hautes, rêver à qui vit là, les pierres austères dominant des ravins à perte de vue. Il n'a pas vu, accrochées aux escarpements, les forêts de chênes verts, oliviers, châtaigniers, orangés dans le jour couchant, il n'a rien vu.

Plus tard, dans l'avion vers Paris, je l'entends dire : « Il est magnifique ce village. »

Je retrouve dans mes cahiers cette phrase prononcée lors d'un autre « déplacement ». « Je ne peux aimer un paysage que si j'y suis avec quelqu'un que j'aime. » Formule vaine. Comme toutes celles où il brandit l'étendard de l'amour. Il a ainsi, à sa disposition, une série de professions de foi bien calées, imitations de la pensée, auxquelles il finit peut-être par croire.

Déplacement. Curieux mot qui évoque la trajectoire d'un paquet ou d'un corps inerte.

Toujours dans l'avion revenant de Corse, il dit à Charles Jaigu et Philippe Ridet, journalistes au Figaro et au Monde : « Je suis quand même une source inépuisable pour vos articles de merde ! » Nous notons tous les trois en même temps, et ils conviennent à regret que moi seule aurai l'usage de cette sortie.

Ils sont dans le petit bureau de ses appartements privés, pour préparer le discours du congrès d'investiture.

Dehors, il fait nuit.

Lui est assis sur le canapé, fumant le cigare, chemisier à carreaux et pantalon de flanelle. Henri Guaino est dans un fauteuil, de l'autre côté de la curieuse table basse en serpentin.

Henri (classant ses feuilles) : ... Je ne suis pas très content des mesures écologiques, il n'y en a pas une seule qui tilte.

Nicolas : On met sur les pollueurs ce qu'on met sur les travailleurs... Tiens c'est pas mal ça ? C'est pas mal, tiens ! Je ne l'avais jamais dit comme ça ! Moi j'ai pas peur du mot *travailleur* !

Henri : Oui, c'est pas mal.

Nicolas : Une chose que je n'ai pas dite, mais putain il y en a à dire, c'est *la République irréprochable*. Tu mets le paquet là-dessus.

Henri : Oui.

Nicolas : Il faut dire aussi : je demande à mes amis de me laisser libre.

Henri : Ça c'est pas bien, c'est très bien ! C'est très bien !!

Ils se sourient. Sur mon cahier, j'ai écrit et entouré, « deux sentimentaux ».

Nicolas (dopé, debout, improvisant des mots qu'Henri note, toutes dents dévoilées) : ... La France n'est pas une nostalgie. La prosternation devant le passé ne doit pas occulter l'avenir... Les grands pays empêtrés dans une longue histoire oublient l'avenir... La Chine épouse l'avenir !... Tu vois mon Henri ? (Il vient lui taper dans la main.) C'est le discours, peut-être le plus important de ma vie, j'ai besoin de toi, pas parce que je t'aime mais parce qu'on est sur la même longueur d'onde !

Il marche de long en large, cigare à la main. Derrière lui, dans la bibliothèque, un grand ouvrage bleu moiré est posé de face : *Charles de Gaulle – Discours*. Il ouvre la fenêtre. Un vent humide de la nuit entre dans la pièce, excitant le feu dans la cheminée.

Henri : Pour moi, la grande idée c'est le travail.

Nicolas : Oui, oui ! Oui ! Le fil conducteur c'est le travail ! Pour moi il y a deux idées, la France n'est pas finie, et le travail.

(Je repense au coup de fil de Fabrice « Royal propose du virtuel. C'est mieux que lui qui, inlassablement, propose de se lever tôt le matin. Qui a envie de se lever tôt le matin ? »)

Henri :   Ce qu'il faut ce jour-là, c'est guetter non les applaudissements mais le silence, le silence de la salle.

Nicolas : Mais attends, attends !...

Gestes impatients de la main, de la tête, qui signifient je sais, je sais avant toi, mieux que toi, le silence tu penses !... Et il commence, d'une voix basse, ardente, pour nous deux mais devant cinquante mille personnes, un éloge de Georges Mandel.

L'enfance d'un chef, Les cent jours qui vont changer sa vie, La vraie nature de Nicolas, Ce qu'on ne vous a jamais dit sur Sarkozy, Élysée-moi, Sarkozy s'élance... Il est en couverture de tous les hebdos, à la une de tous les quotidiens, des pages entières sur ses forces, ses faiblesses, ses sentiments, ses femmes, ses secrets, ses ambitions, son image, son ego, ses désirs... En ce début d'année, pas moins de quatre ou cinq livres lui sont consacrés, s'ajoutant aux dizaines d'autres déjà parus, hagiographies, BD, pamphlets...

Et la remarque étonnante de Michaël Darmon, lui-même auteur d'un de ces récents ouvrages, dans la porte tournante de l'hôtel Lutetia : « Les gens ne le connaissent pas. Les gens ne savent pas qui il est. »

« Plus il est en lumière, plus il s'enfonce dans l'opacité », commente aussi mon ami François.

« Et le bouquin de Catherine Nay, qu'est-ce qu'il vaut ? »

Porte de Versailles. Samedi soir, 13 janvier. Veille de son discours inaugural.

Dans le salon d'occasion qui lui servira de loge le lendemain, il est assis dans un fauteuil en cuir noir. Autour de lui, Brice Hortefeux, Pierre Charon, Patrick Devedjian, Claude Guéant, Laurent Solly, Frédéric Lefebvre, Franck Louvrier, David Martinon.

« Et le reste, pas trop de conneries ? »

On le rassure. On lui fait remarquer qu'il est séduisant, mal rasé, sur la couverture de L'Express avec Cécilia. « Donc il faudrait que je me laisse pousser la barbe ? »

Visiblement, comme à son habitude, il n'a presque rien lu. J'écris presque car il est au courant du Parisien qui fait parler sa première femme. (« *Quand nous étions ensemble Nicolas et moi étions très pratiquants. J'espère pour lui qu'il croit toujours en Dieu. Je lui souhaite de trouver la paix.* »)

— Aller interroger Marie ! Tu te rends compte !...
Et elle, tu crois qu'elle m'aurait appelé avant de

dire que j'étais proche du Seigneur quand j'étais jeune !

— Et tu étais proche du Seigneur quand tu étais jeune ?...

— Toi, Yasmina, fais attention... !

Sonnerie du portable. Son fils aîné. Un ton doux, des mots d'une extrême douceur, un diminutif, la promesse d'un retour rapide après la réunion, des baisers, un tel *empressement* de tendresse dans cet échange à voix basse.

« Tu sais ce qu'il y a de pire, les conseils. D'ailleurs je les écoute pas. Ils te disent de façon brutale que c'est trop tôt, et ils diront de façon non moins brutale que c'est trop tard. Les conseils se résument à ça : ce n'est pas le moment. »

Il est soudain gai, détendu. Il se met à raconter, j'imagine sans prétention un peu pour moi qui suis neuve, car tout le monde connaît les histoires, les premiers moments de la Mairie de Neuilly avec Brice, leurs frasques, leur voyage aux États-Unis, « Moi j'avais vingt-huit ans, toi t'en avais vingt-cinq... Nous n'avons eu qu'une seule engueulade en trente ans de vie commune. Il connaissait deux filles, il m'a dit, une est pour moi, l'autre tu n'as aucune chance, moyennant quoi j'ai dû payer moi l'addition du dîner !... »

Il a le temps. Il n'a plus rien à faire dans cet endroit mais il reste. Il reste à parler, à rire avec ses amis (j'écris *amis* mais je devrais dire entourage, je ne suis pas sûre du mot *ami* même pour ceux qui se prévalent de cette appellation ; j'écris *amis* dans un accès d'empathie car je ne crois pas avoir déjà contemplé cette légèreté abandonnée).

« Eh ben voilà, vingt-cinq ans après... C'était plus drôle à cette époque. » Il le dit en souriant, avec une certaine douceur. Joie, insolence, envie de croquer le monde et la vie entière pour le faire... Demain, à la tribune, devant des milliers de personnes, il dira Ma France, les Cathédrales, il dira Valmy, Jaurès et Frère Christian. Pour l'instant, il dit : « Maintenant c'est vous qui sautez les filles. » Il n'est pas pressé. Il veut rire avec son staff et ses *amis*. Il reste assis, sans inquiétude, dans la lumière sombre du décor d'occasion.

Dans la voiture qui nous ramène, Laurent et Pierre, qui ont connu nombre d'instants semblables, me font part, eux, de leur nostalgie.

Une heure avant, pendant que tout le monde s'agitait pour les derniers préparatifs, je l'avais vu, mains dans les poches de son manteau, redescendre tout seul les marches du grand escalier blanc. À mi-chemin, il s'était arrêté. Il avait contemplé l'immense espace du Parc des Expositions, les rangées de sièges vides devant, sur les côtés, au loin. Il s'était retourné vers l'écran où passait un oiseau de synthèse sur un vallon vert.

Arrivé en bas, il avait pris Jean-Michel à part : « À la fin, demain, j'ai pas envie d'être seul. Comprends-moi... J'aurai parlé une heure, c'est bien... Il ne faut pas me laisser seul...

— Tu veux être à côté de qui ? Des politiques ?

— Je ne veux pas être seul... Fais monter tout le premier rang. Je voudrais qu'on sorte ensemble. Je ne veux pas sortir seul. »

Dimanche 14 janvier.

Dans les coulisses, pendant que d'autres orateurs chauffent la salle, conversation avec Henri Guaino que je n'ai pas revu depuis leur première séance de travail. Il semble heureux du discours mais déplore un changement de dernière minute. (Henri ne serait pas Henri sans déplorer quelque chose.) Ce qu'Henri déplore est l'élimination du mot *métissage*. Après l'avoir ardemment défendu, avec des arguments brillants, dit Henri parlant de Nicolas, il a fini par se ranger à l'avis de X et Y qui considéraient ce terme dangereux. Quand on a peur des mots, on est sur la pente fatale de la défaite ! ajoute-t-il du ton irrité et véhément qui fait aussi son charme. Tu lui as dit ? demandé-je. Je lui ai fait passer quelques lignes comme quoi on ne gagnait jamais rien à ne pas être soi-même.

De fait, dans le discours d'intronisation prononcé une heure plus tard, Henri Guaino aura la joie d'entendre, non seulement une mais deux fois, le mot *métissage*.

Deux photos. Dans deux quotidiens opposés. Prises le lendemain de sa désignation, au sommet de l'abbaye du Mont-Saint-Michel. Deux photos prises au même instant, que je découvre comme tout le monde dans la presse.

Nicolas, col roulé et manteau noirs, dans la solitude d'un encorbellement médiéval, visage découpé sur le ciel pâle, méditant face à la baie.

Un troupeau féroce tenant micros et caméras, contenu derrière une barrière, séparé par cinq mètres de vide artificiel d'un minuscule Nicolas, égaré à droite de l'image, curieusement seul au milieu d'une corniche pierreuse.

Son humeur s'est améliorée au milieu de la réunion. Pourquoi ? Je ne saurais le dire. Il en va souvent ainsi, il peut arriver tendu, soucieux, et subitement s'éclairer.

— À Berlin, je veux y aller avec Juppé. Belle idée non ?... Je vais passer une journée d'enfer avec Juppé et Merkel... Mais enfin !... Je ne veux pas faire Madrid dans la foulée, je ne veux pas donner l'impression d'être Speedy Gonzales.

— Si tu vas à Madrid, visite un musée, suggère G.-M. Benamou.

— Merci. Le con te dit merci.

La petite assemblée a beau rire, il n'en reste pas à cette ironie. Pour apaiser sa vanité, il lui faut aussitôt disserter quelques minutes, sur Picasso, *Guernica*, la Reine-Sophie, Vélasquez, *Les Ménines*, nobles sujets sans le moindre rapport avec la campagne.

Plateau de Saclay. Il est assis autour d'une table avec des chercheurs et des présidents d'université. Derrière lui, une affiche, Nanosciences à Soleil. C'est peu dire que cette assemblée ne lui est pas acquise. D'un côté les nobles, les purs, les cerveaux, de l'autre le bâtard, le politique. On ne se gêne pas pour le lui faire sentir.

— Un chercheur doit être subversif, excusez-moi monsieur le ministre de l'Intérieur.

— Qu'est-ce qui vous permet de dire que je ne suis pas subversif ? Oh, mon vieux ! La presse n'arrive pas à Saclay ?

Les scientifiques sourient poliment.

Il pose la question : « Qui dirige tout ça ? Qui décide ? »

La présidente du CNRS se lance dans une courte démonstration dont la discrète morgue s'achève par cette conclusion : « Décider de quoi ? Votre question n'a pas de sens. » Il la regarde en souriant, sans rien dire, comme émerveillé par l'audace. Quelqu'un d'autre enchaîne. Il s'intéresse sans feindre. Puis :

— Excusez-moi, ça a l'air bêta... Je le fais exprès... Non mais... (il prend le bras de son voisin)... Non mais, pardon hein, je... Je veux pas... (Il sourit, avec une fausse timidité)... Je veux pas... J'allais dire caporaliser devant le général... (Le général étant le directeur de Polytechnique)... Je vous sens tous sensibles ici, je fais gaffe !... Pardon de revenir à ça... Décider de quoi ? D'une stratégie. Ce n'est pas une question de droite ou de gauche, c'est un problème de cohérence... Pardon hein... Comment utiliser au mieux les ressources qu'on va dégager pour la recherche française. Je ne suis pas têtu... Mais quand même... Pour mettre en place une stratégie il faut *une direction.*

Combien de fois ces bribes de mots, ces phrases faussement avortées, ces hésitations pudiques ! La plus grande entreprise de charme, au sens premier du mot, une gaucherie ensorcelante pour faire passer l'idée.

Pour aller dans l'Aveyron, il a mis une chemise rose et une cravate noire. Je lui fais remarquer qu'il a abandonné sa cravate à pois. Oui. Tu aimes ? Je dis que je ne suis pas contre cet assortiment mais Élodie n'est pas d'accord. De toute façon, je m'en fous, dit-il, je me fous de ce que vous pensez, j'appartiens à mon public. Comme Monty (l'idole des yéyé).

Il a vu chez lui, sur sa nouvelle télévision, *Le Silence des agneaux,* il a trouvé le film formidable et aussi Jodie Foster, il dit plusieurs fois que Jodie Foster est formidable, formidable aussi l'écran large, il dit qu'il n'avait jamais eu envie de voir *Le Silence des agneaux* avant mais que finalement il n'a pas trouvé le film trop angoissant, il dit qu'ils ont mis le petit au lit et regardé le film avec Cécilia et Jeanne-Marie, il dit, Anthony Hopkins est formidable aussi, il dit qu'il n'a jamais eu de maison secondaire mais que maintenant il aimerait bien en avoir une, donner des racines aux enfants, un petit cheval pour Louis, des chiens, une moto, il commente L'Équipe avec les journalistes invités à bord, les dernières nouvelles de l'OM, il dit, Santoro il est toujours dans le coup, il est tellement habitué à être celui qui parle et celui qu'on écoute, il a le droit d'exposer sa vie ordinaire sans être interrompu, sans que personne ne manifeste d'ennui, ça ne lui vient plus à l'idée que son ordinaire est aussi ordinaire que celui d'un homme courant.

La visite confidentielle de la prison centrale pour femmes de Rennes commence par celle de l'UVF, l'unité de visite familiale. Un deux-pièces au rez-de-chaussée attenant à l'établissement, une sorte d'appartement modèle réduit au strict minimum vital donnant par une fenêtre coulissante sur un bout d'herbe, un mur et des grillages. Les femmes qui ont accès à ces unités voient leur conjoint, leurs enfants, pendant quarante-huit heures, une fois par trimestre. « Elles ne voient pas le temps passer, dit la directrice adjointe, chaque semestre, hop, elles refont la demande, elles sont contentes, elles ne voient pas le temps passer. » Remarque confirmée par une femme détenue que le ministre interroge : « Le départ est un déchirement, oui. Surtout au début. Malgré tout, on sait que dans trois mois on a un autre rendez-vous. » Un autre rendez-vous dans cet espace utilitaire posé quelque part sur terre, comme il aurait pu l'être n'importe où ailleurs, le canapé trois places, des chaises, la télé, la chambre où rien ne tient que le grand lit de solitude. Un autre rendez-vous pour voir un enfant faire ses devoirs sur la table de fonction, pour être deux jours dans les bras d'un homme, dans les bras fugaces, et absolument nulle part.

Je regarde Nicolas Sarkozy, assis, écoutant les filles, dos à la fenêtre. À quoi pense-t-il, lui qui ne cesse d'agiter la vie ? Que pense-t-il du temps qu'on ne voit plus passer tant est puissante la perspective de se retrouver un peu aimée, un peu caressée, deux jours dans ce lieu de personne ?

Dans la chapelle de la prison, à l'instant de partir, j'entends cet échange entre lui et la sœur Anne.

— La vie est lourde.

— Oui.

— Pas seulement en prison, ma sœur. La vie est lourde.

C'est infiniment pénétré qu'il commente, en sortant du centre pénitencier, pour la presse locale, la disparition de l'Abbé Pierre survenue dans la nuit, et avec la même gravité de visage, le même ton de condoléances, la réconfortante non-candidature de Nicolas Hulot...

Dans l'avion.

— Heureusement qu'on n'a pas eu l'Abbé Pierre mort dimanche 14...

— Chirac m'a téléphoné pour me dire qu'il est confiant. (Moue catastrophée.) J'ai dit je ne vous crois pas. Mais si, tu verras. Ça fait six mois que vous m'appelez pour me dire que vous êtes inquiet. Je ne vous croyais pas et maintenant je ne vous crois pas non plus. (Sur plusieurs tons.) Je suis confiant... Je suis confiant... Je suis confiant, il m'a dit !

Relu cette phrase de Louis-René des Forêts, *Il se peut que l'existence, même pour ceux qui affectent de la parcourir d'un pas résolu, ne soit qu'un labyrinthe où tout un chacun tourne en rond à la recherche d'une introuvable sortie...*

Une pause avant le meeting, à l'hôtel de ville de Saint-Quentin. Dans l'antichambre boisée de la salle des mariages, il souffle à Henri Guaino :
— Henri, mon discours du 15, devant les jeunes, je veux être complètement différent, j'aimerais commencer en disant je veux être le président du XXIe siècle...
Je ris.
— Tu ris. Moi je t'emmerde. Tu sais ce que ça veut dire ?
Et plus tard, me trouvant à part :
— Yasmina Reza, tu me diras pourquoi le président du XXIe siècle, ça te fait rire ?

Merveilleux Henri, au premier rang, souriant, murmurant quand ils arrivent, les mots *Jaurès... Blum... Clemenceau...*, murmurant *il n'y a pas de camp* (quand il s'agit de la France)..., cette gauche-là ne comprend *rien...*, le cou tendu, les bras croisés, bouche entrouverte, murmurant à son arrivée dans la phrase *le Général de Gaulle...*, chuchotant *il n'y en avait qu'une* (France)..., un petit garçon, aux cheveux poivre et sel, à la raie bien marquée, écoutant le maître lire devant la classe sa rédaction.

« La beauté de vous voir avec les yeux ! » dit au passage de Nicolas, avec un accent étranger, une femme qui veille son mari sur un brancard. Il sourit. Il est ailleurs. Étrange visite nocturne au centre hospitalier René-Dubos de Pontoise. Une déambulation silencieuse dans des services qu'il a dû voir cent fois, se faufilant dans les minuscules bureaux vitrés pour serrer des mains et s'informer de la dureté de la vie, errant le long des ordinateurs dans la salle de régulation du SAMU, écoutant avec indifférence les rapports (« Ça hurlait. Le motif de l'appel c'est qu'il est mort. Sauf qu'il respirait. »). Il marche dans les couloirs, sinistrement éclairés, boitant un peu, il plaisante avec le ministre de la Santé et la fille de l'AFP, seule journaliste présente. En col roulé noir et veste à chevron, l'officier de sécurité nous guidant vingt mètres devant, il marche dans les couloirs, portable serré dans une main, claudiquant, tapant avec ses doigts le mur de côté. Il donne l'impression d'aller n'importe où.

Pendant que Nicolas Sarkozy et Tony Blair se voient en tête à tête, je déjeune avec Jonathan Powell, son directeur de cabinet, David Hill, son porte-parole, et Michel Barnier.
Après le café Nicolas apparaît avec Tony Blair. Nicolas me présente comme un écrivain de génie et Tony me dit poliment qu'il a eu plusieurs échos de mes succès londoniens. (Je me retrouve vingt ans auparavant rue de Rennes avec mon père me présentant à Raymond Barre, et je ne sais plus un mot d'anglais.)
Je sors la première du 10 Downing Street devant une foule de journalistes de l'autre côté du trottoir. (Je leur adresse un sourire modeste car à cet instant c'est moi qui ai déjeuné en tête à tête avec le Premier ministre anglais.)

Dans le vestibule :
— Bon, pas d'oreilles indiscrètes ? Nous avons pris une décision Tony et moi, nous allons conquérir l'Europe !

En attendant, ils posent tous deux gaiement devant la porte. Image rare, me dit-on, réservée selon le protocole aux personnalités de même rang.

Au Job Center Plus (mélange d'ANPE et Assedic), un jeune homme lui lance : « Hey, you're looking for a job ?
— Perhaps », il répond.

Visite du musée Churchill. Une visite plus rapide des lieux est *littéralement* impossible.

Complètement dépressif ce pauvre Churchill, dira-t-il. Il le dira encore, dans le train vers Montceau-les-Mines, alors que je lui fais reproche de cette traversée au pas de charge des « War rooms ». Tu n'es pas sensible à Churchill, dis-je. Non. Je suis affligée par cette réponse. Même si tu fais du vélo en tenue moulée de cycliste, et du jogging, même si tu es le plus sobre des hommes et si tu ne t'es jamais amusé à jouer à la guerre, comment peux-tu ne pas être sensible à Churchill ? Je me tais parce qu'il y a le patron d'Alstom et le trésorier de l'UMP, mais comment peux-tu ne pas adorer Churchill, l'aurais-tu vu comme moi, sur une image d'archive, glisser dans une piscine sur un toboggan d'enfant, avec un corps de morse, une bedaine folle, riant aux éclats, le glorieux, le héros,

83

l'alcoolo, se laisser vertigineusement choir dans l'eau en riant !

À propos de son entretien physique (et mental), Didier me dit, il est américain dans le mauvais sens du terme, il lui manque un fond d'anarchie et un fond de caniveau.

Dans le salon du Savoy, nous prenons le thé en attendant Marc Levy. Le ton est amical, et la pointe d'impatience qu'on y sent, discrète allusion à mon *snobisme*, est dans l'ordre des choses. « Moi je regrette, un type qui vend à des millions d'exemplaires ça m'intéresse. Si je lis pas Marc Levy, si je regarde pas le Tour de France, je fais un autre métier. Fais gaffe, il arrive. »

Conversation entre deux écrivains :
Nicolas Sarkozy : Mon grand objectif était d'être à Palavas-les-Flots entre les bouées et la presse.
Marc Levy :   Là où j'étais aussi.
Nicolas Sarkozy : Je sais. Toujours devant moi dans les ventes. Ma fille m'a chargé de vous dire qu'elle vous aime. C'est une fan absolue. Et du coup, je me suis dit je vais me le faire. Mais vous avez toujours été devant.
Marc Levy :   Vous auriez intérêt à être en poche. Votre livre était un livre formidable vous

auriez intérêt à vous ouvrir à un nouveau public, jeune.

Nicolas Sarkozy : Si vous faisiez un autographe pour Jeanne, elle serait tellement..., tu as pas une feuille Yasmina, quitte à être plouc, autant l'être jusqu'au bout !

C'est véritablement un de vos personnages, dit un ami à qui je viens de lire certains passages de ce texte.

Il dit, avant-hier j'étais dans une usine, je suis monté sur une caisse et j'ai fait un petit discours. Devant lui, costumes chics, regards amoureux et verre à la main, les donateurs.

Le petit discours sur la caisse, il ne cesse de le raconter. Toutes les semaines, je vais dans les usines, je monte sur une caisse et je leur parle. Le petit discours sur la caisse, dans l'atelier au milieu des fraiseurs, des ajusteurs, des noms qu'il aime prononcer, c'est sa grande fierté.

Devant les mêmes.

— Madame Royal, est-ce qu'elle m'aide ? Ce n'est pas sûr. Ce n'est pas sûr que le fait d'être nulle soit forcément un handicap en France.

Une émeute pour rentrer dans la salle de l'Old Billingsgate Market où se déroule la réunion publique devant les Français de Londres. Après être parvenue à pénétrer dans le bâtiment non sans mal, je le retrouve dans sa loge, en train de se faire maquiller. Je dis c'est pire que Mick Jagger. Il est ravi de ma comparaison. Il dira, en revenant, à François Fillon, ils n'avaient jamais vu ça depuis les Beatles !

Dans l'avion, il consent à dire quelques mots devant la caméra des reporters d'« Envoyé Spécial ». Un type s'assoit sur la banquette latérale avec un engin énorme, soviétique, sorti d'une BD de Tintin. Un micro extrêmement discret du service public français ! dit Nicolas.
(Dans le reportage que je verrai sur France 2, cette interview sera particulièrement inaudible.)

Il parle le dernier, au Forum « Développement durable » de Nicolas Hulot. Un discours honnête qu'il essaie de rendre sien sans y parvenir vraiment. (Le créneau écologique, vous ne l'avez pas tellement pris, avait remarqué Jaigu dans l'Aveyron. Le créneau, le mot le plus con de la terre, le créneau écolo, c'est vrai que ça me fait chier.) Rien ne lui ressemble dans cette génuflexion incontournable, à laquelle se sont prêtés juste avant lui, quart d'heure par quart d'heure, docilement, ses concurrents. Et rien ne fonctionne. Pas même l'ascenseur du Quai Branly qui refuse de nous transporter et se remet en marche à peine nous en ressortons.

Après les quinze minutes « autorisées », un médiateur, sur scène, vient lui signifier que le temps de parole est écoulé. Et tandis qu'il veut juste achever sa phrase, on entend aussitôt dans la salle, de ces voix mécaniques que rien ne détourne, *temps de parole écoulé, temps de parole écoulé,* injonctions frappées au coin du bon droit qui rendent les défenseurs de ce sujet pourtant essentiel, haïssables. Il conclut vite, sans broncher.

À Rungis, au Pavillon de la Marée, à cinq heures du matin, tout le monde a enfilé une blouse blanche, lui est... en anorak blanc de ski.

— Tu as réussi à être élégant.

— Tu trouves que je suis ridicule ?

Au Pavillon de la Triperie, dans un café. Une serveuse :

— Il t'a fait la bise ? Moi aussi ! Au fait il est bel homme, je le verrais bien président.

Il nous prend deux secondes à part, Élodie et moi, comme il sait le faire, nous entourant chacune d'un bras :

— J'ai un succès énorme avec les filles !

Devant un bac rempli de pieds de veau, Élodie me dit, il devrait toujours être en col roulé, on va lui dire.

Ils veulent le voir, le toucher, lui faire la bise. Il disparaît entre les caisses d'endives, les caisses de litchis, les ananas, les tomates. – Vous allez l'étouffer les gars ! Ho ! il est encore petit !

— Vous êtes super-confiant ?
— Si j'étais super-confiant, je ne me lèverais pas à quatre heures du matin. Je dis juste que le 1er février je suis là où je voulais être. Je me suis préparé psychologiquement pour ne pas être désespéré quand ça va mal et pour ne pas être exalté quand ça va bien.
Les journalistes servent à s'inventer soi-même.

Un dîner, entre Luc Ferry et Alain Minc. J'ai le malheur d'affirmer que Nicolas n'est pas gros. Ma pauvre, dit le premier, tu es rentrée dans une logique totalitaire, ton livre risque de manquer légèrement d'objectivité ! Vous avez le choix, dit le second, entre être amoureuse ou être ambitieuse.

Il entre dans la loge, juste avant la grande émission de TF1. Exaspéré parce que des communicants se sont agrégés à sa visite du plateau. Je ne veux pas être suivi par des connards que je ne vois jamais. De quoi j'ai l'air ? Je veux être seul ! C'est quoi cette image du type qui arrive avec une armée de publicitaires à la con !

Il est énervé mais il se contient. Il a deux heures de direct devant lui. C'est un énervement contrôlé. Mineur. Pas un vrai.

Les vrais, je ne les ai pas vus. Les colères, les avoinées qu'il distribue à droite, à gauche, et qu'on me raconte, les emportements furieux, ces privilèges de la proximité me sont encore interdits.

Ils parlent du *tour*. Ils disent c'est mon tour, c'est pas mon tour. C'est le tour d'un tel. Celui qui est élu c'est celui dont les Français pensent *c'est son tour*, m'a dit Jacques. Un mot du quotidien de la vie qui suppose un ordre, une place, une attente légitime. Toutes choses liées au temps. Celui des pendules ou de l'âge. Mais dans l'espace où ils battent le fer, le tour est un invisible *fatum*.

De l'église Saint-Étienne-du-Mont, après la communion, les politiques sortent les uns derrière les autres.

Charlotte, la femme de Laurent Solly, est morte à trente-cinq ans. On voit sa photo sur le cercueil, le visage radieux qui n'est plus.

Les politiques passent en file raide devant moi qui suis debout dans le fond, affichant tous le même visage dévasté, une mine si altérée qu'elle ne tolère qu'un minuscule rictus en réponse à mon sourire qui, pour être sans gaieté, est quand même un signe familier de reconnaissance, et m'apparaît dans l'instant une profanation honteuse, un manque de tenue et d'humanité.

Il jette une rose sur le cercueil de sa femme qu'on vient d'inhumer. Il disparaît aussitôt. Il s'est réfugié, seul, sur le siège arrière de sa voiture. Pierre et Élodie rôdent autour. Ils ne savent quoi faire. Finalement, Pierre s'approche et ose un petit geste sur la vitre teintée, à peine une tape furtive pour dire on te laisse, mais on est là.

Irruption du tragique dans un monde privé des affects élémentaires, au cœur d'un élan que rien ne doit ralentir, et que ce tragique frappe Laurent Solly dont la beauté est à elle seule romanesque.

Laurent, au téléphone : « Moi qui suis dans la suractivité en permanence, je me retrouve arrêté par l'essentiel. Maintenant il faut que je sache sur quelle pente je veux aller. La pente où le bonheur me sera interdit ?... »

Je suis frappée par ce mot prononcé un jour de deuil. En temps normal ce mot n'a pas de consistance. Ces hommes ne veulent pas le bonheur, ils veulent leur chance dans la bataille.

Je demande à Samuel, qui est saint-cyrien et se destinait à la carrière militaire, comment il voit son avenir. « Je ne sais pas. Je peux partir dans le privé, je peux rejoindre le corps préfectoral. Je peux faire de la politique.
— Qu'est-ce que ça veut dire ?
— Oui, c'est une bonne question... »

Cioran, dans ses cahiers, *Quand il m'arrive de travailler pendant des heures et d'être pris par ce que je fais, je ne pense pas du tout à la « vie », ni au « sens » de quoi que ce soit.*

Visite de l'usine Alstom du Creusot. Visite des longs hangars de tôle, vert cru, jaune cru, les grands ateliers où se fabriquent les bogies, des formes splendides et des mots obscurs, aléseuses, fraiseuses à portique, banc de tarage... « Le châssis sur lequel travaillait ce jeune homme est le châssis du futur TGV de Singapour. Ça fait plaisir, non ? » Il est monté sur sa petite caisse qui est tellement petite qu'on ne le voit pas du tout. Heureusement qu'il a un micro. À Henri de Castries et Nicolas Baverez qui, lors d'une réunion de campagne, dans la même semaine, le pressent de parler aussi à la France des services, il répond avec mollesse, oui, oui, bien sûr... je ne suis pas le candidat du Parti communiste si c'est ça que vous voulez me dire ?...

— Tu t'es approprié Jaurès maintenant.
— Oui.

Dans la rue de Montcenis qu'il descend en entrant dans la boucherie-charcuterie, dans l'épicerie, dans la boulangerie, au Café des sports, dans le magasin d'antiquités, entouré si sauvagement par les journalistes, les caméras, la foule en général, il rate la fenêtre, la merveilleuse fenêtre où cinq femmes, les unes sur les autres, cherchent à l'apercevoir, souriant aux anges, avec en leur centre une très âgée qu'on suppose à genoux et dont on ne peut voir que la tête éblouie, heureuses de l'évènement, heureuses d'être empilées, collées à la fine balustrade, heureuses de ce jour et de la folie qui règne sur le trottoir.

Plus bas, au club de la maison de retraite, une petite pièce au rez-de-chaussée, il dit : « ... Parce que des cheveux blancs, ça fait du bien dans un quartier, dans un village. » Les dames (il n'y a presque pas d'hommes) sont debout pour le recevoir, entre les tables de Scrabble et de jeu de cartes. Toutes avec les cheveux frisés, toutes avec le petit casque court archi-permanenté, jaune, marron, violet ou roux. Aucune tête blanche.

Au mur, un canevas champêtre d'une rare violence.

Je pense à Andrea Peralta qui a sacrifié toutes ses belles années pour l'amour d'un colonel anti-franquiste. Elle aussi a terminé ses jours entre des tables uniformes.

Il y a une photo d'elle prise à la montagne, que ma fille Alta a encadrée, elle doit avoir quatre-vingt-cinq ans et la coiffure que je viens de décrire. Haute comme trois pommes, un peu bossue, elle s'apprête à partir en randonnée dans une tenue unique au monde. Un pull ras du cou turquoise d'où dépasse le col dentelé d'un chemisier blanc sur un caleçon moulant beige, un gilet foncé, attaché à la taille dont les manches pendent comme sur une enfant. Elle pose, un bras sur une barrière en bois, une sorte de sac à dos gibecière est accroché à l'autre épaule.

À la revoir sur cette photo, je sais exactement comment elle va partir sur le chemin, les mains libres, à une vitesse déraisonnable, voulant en découdre avec la terre, les racines, les fraises des bois, voulant en découdre avec les jours restants de la vie.

Les avis, les conseils, des excitants de l'instinct.
Il écoute, les uns, les autres, regardant crépiter son perpétuel feu de bois, balançant son pied, il écoute à travers un voile, ne laissant filtrer que certains éléments, il est à la fois avec eux et en lui-même, il ne retient que ce qui aiguise sa sensibilité contradictoire.

Il dit, moi je suis tenté de l'ouvrir un peu sur l'euthanasie.
— Maintenant, tu crois ! ?
— Il y a quand même un moment où il faut dire qu'il y a des limites à la souffrance. La vie ça appartient pas à celui qui regarde à côté du lit. Ça appartient à celui qui souffre.
Depuis quand cette préoccupation ? Dans cette course où l'inventivité est de mise, l'idée la plus profonde se confond avec un argument commercial.

— La « repentance » ! Ce Jack Lang, il faut que je le paye ce type. Il est admirable.
Phrases assassines et drôles dont mes cahiers sont remplis, et qui se fanent dès la page tournée.

Ils sont assis autour d'une table ronde, dans un salon de l'hôtel Adlon.

Avant de convaincre Angela Merkel de la nécessité de débloquer la situation européenne avec un traité simplifié, Alain Juppé et Nicolas Sarkozy préparent le terrain avec le ministre de l'Intérieur, Wolfgang Shäuble.

— ... Je veux bien prendre un risque politique en France mais pas pour me faire claquer la porte au nez en Allemagne.

— Et tu comptes dire tout ça à Angela ?

— Ben oui... Sauf si tu dis, ce n'est pas possible. Dans ce cas Alain et moi, on va visiter le zoo et manger un apfelstrudel... Mais je vais te dire, Wolfgang, l'amitié c'est aussi un petit pas en avant...

Absurde station au Mémorial de la Shoah. Asphyxiés par les caméras, les micros, la vulgaire meute qui grimpe sur les monuments, ils restent, en bordure du champ des stèles, sans esquisser le moindre pas dans les étranges couloirs, sans même savoir où ils se trouvent.

Pas une seule question pour Alain Juppé, pas un seul micro tendu vers lui. Ils sont debout, côte à côte, sur le terre-plein venteux devant la Chancellerie qu'ils viennent de quitter, laissant Angela

Merkel (escarpins noirs, tailleur-pantalon noir et démarche ondulante à laquelle je ne m'attendais pas) dans son étage silencieux. Pas une seule question pour Alain Juppé, pas un seul objectif tourné vers lui. Lui qui fut Premier ministre, dauphin du président, reste muet et digne dans sa parka marron, écoutant, ignoré de tous, les reparties du prospère et jeune Nicolas.

La conversation venant sur le théâtre et la vie des acteurs :
Juppé : Dans les petits rôles, on peut être heureux.
Sarkozy : Note, note Yasmina, ce 12 février 2007, retour de Berlin, Alain Juppé dit : Dans les petits rôles on peut être heureux !
Juppé : Je n'ai pas dit *je*.
Sarkozy : C'est encore plus grave d'avoir dit *on*, c'est une tentative de dissimulation.
Juppé sourit.

Sarkozy : Je connais Alain depuis trente-deux ans...
Juppé : Trente et un.
Sarkozy : Il veut toujours avoir raison. Ça m'est égal.
Juppé : C'est moi qui ai raison.
Sarkozy : Tu vois.

Simone Weil dans *La Pesanteur et la grâce, L'attachement n'est pas autre chose que l'insuffisance dans le sentiment de réalité.*
Ne peut-on dire la même chose du désir de pouvoir ou de gloire ? J'ai toujours éprouvé ce désir comme la forme implicite de cette insuffisance.

Je questionne G. sur son avenir. Dans sa réponse il glisse ceci, « ... ou alors je ferai autre chose ». Ce fameux autre chose, si souvent entendu, cette ouverture par laquelle on ne passe jamais. Des mots sans contours pour masquer l'extraordinaire prison du destin politique.

Pendant que je suis à la montagne, Nicolas est sur l'île de la Réunion : « Parce que ma vie et l'histoire de ma vie, c'est de partir de tout en bas pour aller tout en haut. Il ne me reste qu'une marche... »
Tout en haut ? Existe-t-il dans une vie humaine un espace qui s'appelle *en haut* ? Quel désenchantement si cela était.

Sils Maria.
Gens qui marchent dans la nature. Il neige à petits flocons. Un âne dans un enclos. Tristesse infinie de partir. Laisser les sapins, les mélèzes, les longs lacs gelés. J'ai fait quelques mètres dans la forêt avec Nathan. Tête nue. De la neige dans ses

cheveux noirs. Sur la route qui descend, les maisons d'Engadine, les rochers, les belles marches que j'ai faites. Au loin.

Joies volées au temps. Comme toutes les joies.

Reprendre le cours impur, mais également vital.

Un entretien avec le ministre de l'Intérieur à Madrid, qui ne sert à rien que rappeler l'« amitié ». Entourant les deux ministres, autour d'une table en chêne foncé, l'ambassadeur de France, Michel Gaudin, l'attaché de sécurité et autres personnalités espagnoles. Tous muets devant d'inutiles feuilles blanches. Les deux ministres se congratulent, évoquent l'ETA et le terrorisme islamiste, éloges mutuels, flatteries, mots conventionnels sur le mode de l'humour. À quoi bon ? Ou serait-ce moi qui n'y comprends rien ? Qui ne sais juger de l'importance de ces moments de pure forme ? Les signaux impérieux et invisibles de la diplomatie ou la part nécessaire de vide à toute chose ?

Il vient nous voir à l'arrière de l'avion. Visage pâle et fatigué. La visite à Madrid a été en partie gâchée par un article infamant et dérisoire du Canard enchaîné. (Une fois de plus je constate qu'il est plus affecté par la mise en cause de sa probité que par la possible nuisance électorale.) Nous parlons de la Méditerranée, berceau de nous-mêmes, un sujet que lui et Guaino affectionnent ces derniers temps. Je dis, tu te sens mieux à Séville qu'à Oslo. Berlin ! corrige-t-il, Berlin ! Je suis terrorisé moi à Berlin ! Et à Francfort aussi !

Il fait l'éloge de Zapatero et de son homologue Alfredo Rubalcaba. Il parle aussi en termes chaleureux de Blair et de Prodi. Je dis, c'est marrant que tu sois copain avec tous ces types de gauche. Il s'écrie, parce qu'ils ne sont pas de gauche ! Il n'y a qu'en France où les gens se vivent à gauche !

Après la conférence sur les enjeux internationaux, dans la loge de l'hôtel Méridien, les politiques se pressent autour de lui, l'étouffent. Rachida Dati me glisse à l'oreille : « Regarde-les, regarde-les comme ils sont collés à lui. Tu tues ta mère pour être assis à côté de lui ou pour être sur la photo pendant *La Marseillaise*. Moi je ne monte plus jamais sur la tribune, j'ai peur de me faire lyncher. »

J'ai revu à New York *Une pièce espagnole* dans la belle mise en scène de John Turturro. Étrange impression que ce texte est un condensé de tout ce qui m'a jamais intéressée dans l'écriture. Les personnages, quel que soit leur âge – aucun n'est jeune –, se battent pour rester *en devenir*. Rester en devenir, l'obsession de tous ceux à qui j'ai donné un nom et une voix. D'où vient cette déchirante propension à se sentir, au moindre ralentissement, écarté de la vie ?

Dans cette même pièce, je retrouve cette phrase, écrite il y a quatre ans. *Les personnages sont ceux que nous sommes, mieux que nous.*

Il aurait dit, je le découvre dans la presse, revenant de New York : « Une campagne présidentielle c'est dur... Parce qu'il faut aller chercher au fond de soi la sérénité, le calme, la tranquillité qui permettent de faire face à tous les emballements. C'est une forme d'oubli de soi. »
Il s'est perdu dans les mots. Il voulait parler sans doute des supposés sacrifices et de la maîtrise du tempérament.
Mais ce qu'ils vivent n'est pas l'oubli de soi. C'est, au contraire, l'obsession de soi et l'inévitable oubli des autres.

À l'hôpital Henri-Mondor à Créteil. Une salle dans le service de neurochirurgie. Il est assis à côté de Xavier Bertrand devant une quarantaine de membres du personnel hospitalier. Une infirmière, plus ou moins à l'origine de l'invitation, ouvre la rencontre. Elle évoque d'une voix inaudible et grelottante ses deux petites filles, « prunelles de ses yeux » (que viennent-elles faire là ?), l'âpreté de la vie, des conditions de..., la difficulté de... puis elle se met à pleurer sans raison palpable. Il est gêné, il dit, je n'ai pas l'habitude de faire pleurer les femmes. Derrière ce mince trait d'humour, il y a pourtant une vérité. C'est bien *lui* qui est à l'origine de ces larmes impudiques. Lui, dont la notoriété et l'officiel pouvoir provoquent cette encombrante catharsis.

Une autre :
— ... Il y a une déshumanisation. On parle de rentabilité, de tarification à l'acte, remplissage des lits. On ne parle pas du tout de relationnel.
Il enlève sa veste.
Il prend des notes... Il écrit comme moi la froide musique du sérieux... *soigner en efficacité, pérennisation d'une compétence de soin, mise en place de la tarification à l'activité...* Il note comme un garçon appliqué. Il note d'autant plus qu'il n'écoute pas. Les questions se suivent, il ne répondra à aucune précisément. Il est agité, avec des gestes de bras incessants. Il a un discours généraliste, fondé sur

des certitudes du moment, il ne se rend même pas compte qu'il déçoit.

Parlant de la gestion de la douleur il dit, quand ma maman a accouché... Plus tard, il dit encore, quand ma maman a acheté son appartement... Ma maman ? De quel épuisement surgit cette curieuse formulation ? Une tentative de paraître humain ou d'aberrante mise à niveau après la pleureuse du début.

Je le sens égaré.

Pierre, rien de neuf ? Tout va bien, Laurent ? Rien de spécial, Franck ?... Questions jaillies de nulle part, anodines demandes, qui à la longue me font l'effet de suppliques existentielles. Qu'une grâce arrive, quelque chose d'*autre*...

À l'occasion de la mort du sociologue Jean Baudrillard, je lis dans la presse, sous forme d'exergue, *Son désir de ne rien rater de la vie.* Une inclinaison qui peut conduire à l'exact contraire...

Au Salon de l'agriculture, où il est absolument impossible de l'apercevoir et où les bêtes, sorties de leur contexte, n'ont aucune présence, je ne retiens rien que la lecture des pancartes. Chez les Pies rouges des Plaines (qui sont des vaches),

Révolution est à côté de Tisane et Simone vient d'Autriche...

Comment écrire la forteresse ambulante, le toit dansant de perches noires qui épousent le moindre de ses pas ? Depuis le début de ces pages, je n'y suis jamais parvenue.

« Mesdames, mettez la barre haut ! » dit-il aux lectrices de Femme actuelle venues prendre le petit déjeuner avec lui. Tonifié par cette première réplique, il n'est déjà plus là. Main sur le portable, croquant une queue de croissant, il écoute la première question avec une attention d'autant plus soucieuse qu'inexistante. Le ton pondéré de la réponse ne tient que trois minutes. Il s'excite, et hop, tape sur la table, revient à la « calamité » des trente-cinq heures, menace du doigt et double toutes ses paroles.

Devant les « Présidents des Français de l'étranger », alors que je l'entends dire les mêmes mots qu'hier, avant-hier et une heure avant aux lectrices, avec de subtiles variantes et une conviction toujours plus affirmée, il me saute aux yeux qu'il ne s'adresse qu'à lui-même. Les lieux, les gens, les circonstances, peu importe, il tisse sa propre étoffe, sa trame de fer, ses revers, ses coutures étranglées. Sa grande armure de comédie.

Il n'y a pas longtemps, Moïra m'a dit :

— Alexandre et Gengis Khan ont vécu une vraie vie. Ils bouffaient des territoires, ils conduisaient des armées, ils faisaient couler le sang. On reculait pour de vrai, on gagnait pour de vrai. On mourait vraiment. La défaite, tu étais empalé. Les politiques aujourd'hui, qu'est-ce qu'ils vivent ?

Lundi 12 mars. Journée sombre.
Il s'assoit dans le petit avion. Demande le chiffre des audiences des radios et télés qu'il vient de faire. Se tait, renversant sa tête vers le hublot. De sorte que nous nous taisons aussi.
Les sondages du matin donnent pour la première fois Bayrou à égalité avec Royal, juste derrière lui. Peut-être que son humeur n'a rien à voir avec cela. Après un temps :

— Franck ? Il y a des bonbons ?
On lui tend une boîte de Ribambelle qu'il n'arrive pas à ouvrir. On assiste à la lutte silencieuse et violente contre l'emballage plastifié.
Laurent le sauve.
Il mange le bonbon et me présente la boîte sans un mot.

Visite errante du site Airbus de Méaulte. Dans l'immense espace désert et d'une propreté irréelle, sans journaliste ni photographe, il se laisse guider le long des cockpits et des tronçons, s'arrêtant, maussade, pour regarder un ouvrier régler un boulon sur une porte de l'A320.

Table ronde avec les syndicats.
« ... si la discussion est d'essayer de faire une *joint-venture* pour que les salariés d'Airbus restent airbusiens... »
Il prononce, délicieusement, *John Ventura*.

Dans l'avion du retour. Toujours aussi sombre.
J'ose :
— Ça te paraît long encore ?
— Je n'y pense pas.
— Tu vis au jour le jour ?
— Oui. Je pense à ce que j'ai à faire chaque jour. C'est bien suffisant.
Silence. Il regarde ses mains. Puis il ajoute :
— Pourquoi penser ?
— C'est une vraie question. Qui vaut pour beaucoup de choses.
— Oui. Pour beaucoup de choses.

Vesoul.
Quand il pénètre dans la pièce exiguë où se tient une toute petite fille avec un violon, devant une quinzaine de caméras et micros, il dit, ma pauvre ! Il ne peut être plus sincère. Dans ce *ma pauvre*, il

y a ce n'est pas moi qui t'oblige, je suis moi-même embarqué dans cette visite de l'École de musique, qui me tue et semble ne jamais devoir finir.

Au bout du couloir, la dernière porte s'ouvre. Il a déjà enduré Mozart, Presley, Gershwin, Bartok... La salle est nettement plus grande que les autres. En ligne, une quinzaine de jeunes musiciens (percussions et instruments à vent) attendent un signe du chef d'orchestre, une femme mince aux cheveux courts, portant un chemisier. À peine a-t-elle levé le bras qu'une vitalité imprévue s'empare de son corps. La voilà possédée par le jazz qu'elle a déclenché. Elle se déhanche, ivre de rythme, chante par-dessus les cymbales, et ses bras dansants ordonnent avec une folle démesure.

Il s'était mis sur le côté. Prêt pour une dernière patience. Je l'observe. Il est sorti de sa torpeur. Il ne la quitte plus des yeux, il dodeline, il sourit comme un gosse frappé d'émerveillement. C'est le visage de lui que je préfère.

Devant les élus, au QG de campagne :
— On a Royal, qui paye de ne pas être premier secrétaire du PS. Elle est solide quand même. Elle se bat. On a Bayrou qui fait une campagne « Le Pen soft ». On a des Français qui comme jamais veulent s'amuser. Et on a un système qui veut raconter l'histoire de notre chute.

Plus tard.

— Les mêmes qui me disaient de prendre un coach pour contrer la madone, qui me disaient tu as vu son sourire et tu as vu ta gueule, tu as vu la façon dont elle a posé la main sur l'handicapé, tu n'as rien compris mon pauvre, les mêmes me disent aujourd'hui, tu as vu le tracteur ? Agrégé et tracteur, tu n'as rien compris mon vieux. Les mêmes.

À Sisteron, il dévoile une plaque « relais-service public ». Un rond rouge, collé à un rond bleu, rivés au mur, où sont écrits ces deux mots. Il se tient avec une absurde raideur sous cette enseigne hideuse et minable, tandis qu'une foule tassée derrière la barrière de sécurité chante *La Marseillaise*.

Partout où nous allons, les gens sont parqués derrière des barrières. On finit par trouver ça normal. Les visages s'extasient. Ils tendent les bras à son arrivée, ils prennent des photos.
Un jour, il résume :
Dis-y bonjour ! Non, non !... L'enfant hurle, il se détourne... Il vous aime ! Non !! Si, si, dis-y bonjour, il va être président... Je fais plus de bisous et de photos que Mickey lui-même à Disney.

À Upaix, dans l'étable, les petites chèvres apeurées fuient toutes à son arrivée de l'autre côté des enclos de bois.

Laurent lui tend une feuille de la taille de mon cahier d'écriture. Écrit au stylo, le résultat d'un sondage qu'il vient de recevoir, en pleine séquence polémique sur l'Identité nationale, avant que l'hélicoptère ne décolle.

1ᵉʳ tour NS 31 (+ 4)
SR 24 (- 1,5)
FB 22 (- 1)
Le Pen 12 (=)

2ᵉ tour NS 54 (+ 2)
SR 46 (- 2)

Il regarde la page qu'il conserve dans sa main gauche. Il ne dit rien et son visage ne traduit rien. Il regarde par la fenêtre les ombres des pales. Il pose la main sur son front et ferme les yeux. En chemise, jambes croisées, veste sur les genoux, il s'endort avec les bons chiffres entre les doigts. Nous nous élevons. En dessous, les hauteurs arides des Alpes du Sud et plus loin, les sommets enneigés. Je suis envieuse de cette capacité à faire le vide.

Laurent fait signe à Élodie qui est au fond de l'appareil. Elle s'accroupit près de moi et le photographie. Quand il se réveille, il lui sourit, ses yeux dans l'objectif, avec une vraie douceur. Tu me prends en train de dormir, c'est très intime. Après un temps je dis, Élodie et moi avons pris la même photo. Moi je l'ai écrite. Je sais ce que tu as écrit. Tu as écrit, on lui donne un sondage, il devrait être heureux, il s'endort en le gardant dans la main... Je conviens que j'ai écrit ça. Il désigne Pierre et Laurent, eux peuvent être contents. À leur place, je serais content. J'ai été content. J'étais comme eux. La victoire est plus belle à côté du vainqueur.

Quelle est la part de superstition (ou de pose) dans ces manières d'aveu ?

Une demi-heure après, il est dans l'avion, entouré par les deux mêmes et Franck. De ma place, je le regarde. Je les entends rire de je ne sais quelle bêtise. Lui ne rit pas. Il bâille, il écoute vaguement, ou non. Il est tranquille, les jambes allongées sous la table. Comme un homme rassuré de sentir ses chats jouer autour de lui.

Pendant qu'on le maquille, dans la loge du Zénith, juste avant son discours à la jeunesse (dont il m'a dit la veille que le thème central était *aimer*...), il m'appelle : « Comment on prononce Rilke ? Tu dois savoir ça toi.

— Comme tu viens de le faire.

— Ils prétendent qu'il faut dire Rilkeu.

— Tu n'es pas allemand.

— Rilke ou Rilkeu ? Je peux faire un entre-deux...

— Ne me dites pas (je m'adresse aussi à Henri qui est à côté) que vous citez les *Lettres à un jeune poète* ?

— Si...

Je présente un visage consterné.

— Ça ne te plaît pas ?

— Je ne le sens pas tellement ce discours... L'amour et les *Lettres à un jeune poète*...

— Ah, elle m'encourage ! Elle me met dans de bonnes dispositions à cinq minutes de parler devant dix mille personnes ! »

Il ne dira ni Rilke, ni Rilkeu, mais « un poète allemand ». Quant au discours, il confirme mes pires pressentiments. Quelle potion lénifiante Nicolas Sarkozy et Henri Guaino ont-ils avalée pour écrire cinquante-trois fois le mot *amour* dans un discours d'à peine trente pages ? Pour écrire *La jeunesse, c'est la promesse des commencements, des soleils qui se lèvent sur les mondes endormis* ? Quel état d'immense fatigue a pu les conduire à *ce for-midable besoin d'amour qui doit faire marcher le monde* ? Sans mentionner les discrets pompons avec *Vous avez de la chance d'être jeune, parce que la jeunesse c'est la liberté* ou *Ne pas être capable de partager l'amour, c'est se condamner à être toujours seul.* Que s'est-il passé pour que deux hommes, jusque-là heureusement inspirés ensemble, rédigent, faisant fi de toute retenue et lucidité, cette roucoulante homélie ?

Autre extrait, *Vous avez de la chance d'être jeune... parce que l'avenir vous appartient.* Est-ce vrai ? En dehors de la tautologie, existe-t-il toujours une religion de l'avenir ? Les personnages de Tchekhov enviaient ceux qui allaient venir après eux.

Il se déshabille. Enlève sa veste, sa cravate, sa chemise. Torse nu dans l'Airbus qui s'élève vers les Antilles, il enfile un polo blanc Ralph Lauren, dont il relève le col comme celui d'un trench-coat, laissant ouverts les boutons du décolleté. Prêt pour une partie de tennis hivernale (il a également changé de pantalon), il part à l'arrière de l'avion. Il passe une heure avec les journalistes, je les aperçois, agglutinés, chuchotant, dans un tout petit coin de l'appareil, ça me rappelle un groupe de Loubavitch priant près des toilettes lors d'un retour de New York.

Quand il revient, souriant, dans sa tenue mi-jogging, mi-pyjama où sont écrits en énorme les mots POLO SPORT (dans laquelle il est apparu aux passagers, tenant une sorte de meeting improvisé, m'apprend-on), il me lance, par-dessus la rangée centrale : « Cent pour cent dans l'avion !

— Bravo.

— Tu sais ton problème ?

— J'en ai un ?

— C'est que je t'observe beaucoup plus que tu ne le crois.

— Ce n'est pas un problème. Du moment que tu n'écris pas.

— Elle n'a pas peur de nous, dit-il à propos de l'hôtesse qui passe et sourit, c'est presque vexant de ne pas avoir peur de nous. On le dit, les hommes politiques sont des bêtes sexuelles. »

À Michel Barnier qui me voit noter et l'interroge du regard : « Il faut la laisser en liberté, sinon tu cours à la catastrophe absolue avec elle. Je le sens comme ça. »

Embouteillages entre l'aéroport et Pointe-à-Pitre. C'est le premier déplacement dont la conduite est réglée sur la vitesse normale de la vie... et qui m'apparaît d'une lenteur extrême.

La porte s'est refermée sur le plateau de RFO. Il règne un silence étrange, avant la prise d'antenne. Personne ne dit un mot. Nous ne sommes que cinq dans la pièce étroite. Nicolas, le présentateur, deux cameramans et moi. Élodie est rentrée deux secondes pour prendre une photo. Pendant le silence le présentateur effectue des exercices de visage stupéfiants. Il ouvre des yeux fous, exorbités, opère quelques mouvements de mâchoire tout en gardant les pupilles effarées et fixes. Je n'ai jamais vu des yeux aussi écarquillés. Je me tourne vers Élodie. A-t-elle remarqué ?... « Il est aveugle », me souffle-t-elle discrètement avec gravité. Ah voilà, me dis-je, bien sûr ! L'entretien commence. Élodie est sortie. Ce journaliste est remarquable. Il pressent, aux inflexions du candidat, les hésitations, les ouvertures, il anticipe les fins de phrase, il relance avec brio, interrompt avec précision. Son acuité et sa finesse sont supérieures à celles d'un journaliste normal. J'admire la façon dont ce Guadeloupéen a surmonté son handicap, et j'apprécie en passant la délicatesse de Nicolas qui n'essaie jamais d'imposer sa parole jusqu'à son terme. Lorsque je sors de la pièce, Élodie me dit : « Tu as lu mon texto ? » Je le découvre car j'avais mis le portable en mode silencieux : « Le présentateur est tout à fait voyant. »

Nuit. Meeting à Pointe-à-Pitre.

La « loge ». Chaleur équatoriale. Carrelage blanc au sol, néons, peintures écaillées. Sur une planche en bois verni, une télé extraplate d'où partent des fils et des câbles qui se battent sous les tréteaux et vont grimper le long des murs, accrochés à des gonds de fortune, jusqu'à une prise murale.

Sur l'écran, le sénateur, Lucette Michaux-Chevry s'époumone dans un micro déjà réglé sur le volume maximum. Elle entame son tour de chauffe par une variation sur « Ensemble, tout devient possible », hurlant le mot « possible » dans sa quatrième déclinaison avec une violence inouïe.

Nicolas est debout, discours à la main.

Nous sommes assises juste derrière, Élodie, sa maquilleuse Marina, et moi.

Lucette : Nicolas Saarkôssi, un homme de cœur !

Nicolas : Vous entendez, les filles ?

Lucette : Je vous parle de l'homme ! L'HOMME !!!

Nicolas : Elle est modérée ce soir.

Lucette : Il s'est OPPOSÉ au mariage homosexuel !!

Nicolas : Ah ça, je l'ai pas vu venir ! Qu'est-ce que ça vient faire là ??...

Seul, au milieu des grands palmiers, juste avant de partir pour la Martinique, chemise blanche, veste

114

jetée sur l'épaule, lunettes noires, il glousse au téléphone. Il a l'air un peu coquin, bébête, il a le cou engoncé, et de temps en temps, son pied droit chasse la terre en arrière comme un chien avec sa patte. Il rit, errant sur place, titubant un peu. Avec qui est-il ?

À l'extérieur de la fabrique de Meubles Labourg, il demande devant des grandes lattes de bois croisées, un bois un peu roux, un peu moche :
« C'est quoi comme bois ?
— Du Mahogany.
— C'est beau ! »
Et pour le féliciter, il donne au menuisier une grande tape dans le dos.

De Schoelcher aux Trois-Îlets, sur le bateau, la nuit tombe vite, le ciel a la couleur bleu gentiane des montagnes et la lune est couchée en barque.

Dans un entretien avec Michel Onfray (lequel est capable de dire sans le moindre problème... *le nietzschéen que j'essaie d'être...* et plus loin... *le libertaire que je suis*), il avance, en référence à la pédophilie et au suicide, *les circonstances ne font pas tout, la part de l'inné est immense.* Un tropisme « néo-conservateur » aussitôt utilisé par

ses détracteurs. Par ailleurs, le généticien Axel Kahn réplique : « Je trouve inquiétant qu'un prétendant à la fonction présidentielle s'exonère par avance de la responsabilité du malheur. Comme s'il y avait un gène du destin malheureux. Il n'y a pas de gène du destin malheureux. »
La phrase est belle et pourrait se raccourcir. Il n'y a pas de gène du destin. Ni malheureux, ni heureux.
Mais ce n'est pas une moindre tyrannie que de prétendre le réduire aux conditions.

Il arrive au Train Bleu, gare de Lyon. Il est midi. Il vient de quitter ses fonctions de ministre de l'Intérieur. À la porte du salon : « Vous avez vu plus sinistre ? »
Il n'a pas terminé la phrase qu'il fait demi-tour.
« On dit que je dois être à la rencontre des Français et vous me foutez dans un salon là-bas ? Ça correspond à quoi ? À quelle réflexion ? Réfléchissez, que je ne sois pas la seule personne à réfléchir ! »
Sur le quai qui longe le TGV pour Avignon, un groupe crie sur son passage, « Sarko Président ».
Dans le compartiment, il s'assoit, seul, dans le quatuor. Il profère ce qui suit, à voix basse, glaciale, le visage restant faussement aimable pour les dizaines de visages collés aux fenêtres.

« Qui m'a mis ces braillards à la con avec des pancartes ?... Vous ne comprenez rien à rien. Je peux pas être tranquille ?... Qui a organisé ça ?... Ah là là, mon Dieu, mon Dieu... C'est lamentable... Je serais mieux seul. »

Il est seul. Devant la tablette et le siège vide en face. Il n'a même pas besoin de se tourner pour éviter le monde ; il ne regarde rien, ni le paysage inutile qui file, ni les hommes inutiles. Personne ne l'approche et s'il convoque un de ses conseillers, d'un nom désaffecté, celui-ci se retire aussitôt après lui avoir parlé.

Dans l'interstice des sièges, en diagonale, je le vois de dos. Je le vois allumer, éteindre son portable, n'allant jamais plus loin que la page d'accueil, n'écrivant rien, ne lisant rien, n'appelant personne, le visage de Louis apparaît et disparaît des dizaines de fois.

La note qui lui est destinée sur ce déplacement dans le Vaucluse commence ainsi :

« Vous vous rendez pour votre premier déplacement de campagne dans le Vaucluse puis les Bouches-du-Rhône. Ce déplacement positionné sur deux jours a pour objet de trancher sur l'image ministérielle et donner l'image paisible d'un candidat entièrement tourné vers l'écoute des Français. »

— Où qu'il est ? demande un homme dans la rue de Saint-Didier, première étape de la paisible visite du candidat.

— Il doit être là. Il doit être là où ça bouge le plus.

— Tu le vois ? dit un autre.

— Il est pris dans la nasse. Il est tellement petit, comment veux-tu ?

— Je vois rien, se lamente une femme.

— Tu peux pas le voir, il est dedans, il est dans Séduction Coiffure.

Ils peuvent enfin le distinguer, de loin, sur le perron de la Mairie, faisant son petit discours « ... de mon temps, on disait l'oisiveté est la mère de tous les vices... » (de quel temps parle-t-il ?). Ils peuvent l'applaudir, ils peuvent chanter *La Marseillaise* à 17 h 30 sur la place de leur village.

Il s'engouffre dans sa voiture. Habitants, commerçants, curieux regardent s'éloigner l'ombre qui les a réunis.

Nuit. Hameau des Baux.

Il vient de dîner avec Jean-Louis Borloo, dont le ralliement jusqu'à ce jour est incertain, et Jean-Michel, dans une pièce privée.

(Tel « Et Tartuffe ? », dans mes cahiers de l'hiver, revient, au fil des réunions, le lancinant « Et Borloo ? » « Et Borloo ? » assorti, en guise de réponse de sa part, de soupirs, de haussements d'épaule, et même une fois de l'improbable « Je patiente »...)

Nous les rejoignons au salon, Laurent, Frédéric, David, Franck, Élodie et moi.

Jean-Louis Borloo (enfin réel) porte un pull en cachemire rose col en V sur chemise blanche. Nicolas, un débardeur en cachemire gris sur chemise bleue. (À quoi faut-il attribuer le curieux manque de naturel de ce décontracté à l'irlandaise ?)

Ils sont assis face à face, chacun à un bout du canapé trois places. Nicolas, seul, selon la pente de ce jour, Borloo à côté de Jean-Michel et Frédéric.

— Pourquoi je dois aller déjeuner demain à Marseille avec des parlementaires que je vois toute l'année ?... J'ai cinq équipes dont l'activité récurrente est de se foutre sur la gueule... Je me tue à faire campagne et on se tue à m'en empêcher.

Silence.

Il prononce ces mots devant les gens concernés, profitant, avec une cruauté sèche, de la présence du témoin de marque.

Tout lui pèse. Et tout lui est indifférent. Je lis aussi dans son visage morne le poids de cette indifférence. Borloo opine en buvant son rosé. J'aimerais savoir ce qu'il met derrière ce hochement de tête.

Tout le monde se tait. Nicolas, seul sur son canapé, s'enfonce.

Soudain, Jean-Louis Borloo sort d'un dossier une feuille, se lève et vient voir Nicolas : « C'est toi ça ? » Le *ça* est la photo officielle sur fond de colline verte (celle qu'on voit partout depuis trois mois). « C'est toi ça ? » répète-t-il debout, tapant le document de campagne avec son autre main. « C'est toi ça ! » Nicolas, hébété, regarde Franck. La plupart des personnes présentes avaient en son temps émis des réserves sur cette image de gentil garçon à tête longue et au sourire inconnu genre Joconde. À commencer par Jean-Michel, qui, en janvier, porte de Versailles, lui avait dit, ça ne te ressemble pas. Nicolas avait tranché. Il l'aimait bien lui cette photo. Et même si lui n'en était pas tout à fait sûr, elle plaisait à sa famille. Borloo continue : « C'est pas toi. C'est pas toi !... (tapant la feuille avec dégoût)... Est-ce qu'on pourrait avoir une photo qui soit LUI ? LUI ! » Nicolas, traits affaissés et œil mort, observe le document... Et d'une voix lasse : « Bon..., alors Franck, qu'est-ce qu'on fait ?... »

Une heure du matin.

Jean-Michel, dont l'aisance et l'entrain sont en décalage complet, lui dit : « Prends ton temps demain à Marseille, déconne, sors le soir... » (Le conseil « déconne » à Nicolas Sarkozy ce soir-là est d'une poésie merveilleuse.)

— J'ai Canal +. Je suis obligé de rentrer.

À quoi pense-t-il, jambes allongées sur la table basse, regardant ses pieds avec une stupeur froncée ? Qu'a-t-il retenu de cette première journée de candidat paisible, TGV, routes vicinales et visite chez les cueilleurs de fraises ? Sans parler du dîner de séduction avec un Borloo qui aurait dû faire allégeance depuis des semaines.

— Attends, Jean-Louis, pourquoi tu le fais pas toi demain à ma place ?

— Très, très bien ! s'écrie Jean-Michel (riant presque !), et pendant ce temps tu prends l'aïoli à Marseille !

— Moi demain matin, je dis à la presse, Jean-Louis me rejoint, continue Nicolas d'un ton étale et presque morose, avec ce génie affiné de l'ignorance de l'autre, d'ailleurs c'est lui qui fera Canal + à ma place.

Jean-Louis Borloo se tourne vers moi : « Qu'en pensez-vous ? » Touche finale à l'incongruité de la scène. En dépit de la profondeur de l'abîme (suis-je censée me mêler de quoi que ce soit ? non, bien sûr), j'aventure une réponse.

Nicolas reste stoïque :

— Franck, puisque les journalistes sont tous à la grille, tu confirmes qu'on est bien là avec

Jean-Louis. Et qu'on a chacun une chambre, ajoute-t-il, n'amusant que Jean-Michel.

Ils restent seuls dans la pièce, encore l'un en face de l'autre.
Après un temps, Nicolas :
— T'es content ?
— Je suis très détendu, répond curieusement Borloo.
Il se lève et rejoint Nicolas sur son canapé.
Ils se parlent tous deux à voix basse. Et puis ils se vautrent, fatigués, dans une proximité artificielle et inéluctable.

À Marseille, le déjeuner qui suit la table ronde avec les lecteurs de La Provence s'arrête avant le dessert. Il a fait ce qu'on lui a dit, il a échangé les parlementaires contre les lecteurs de La Provence, mais il se fout de déjeuner avec les lecteurs de La Provence autant que de déjeuner avec les parlementaires.

Sur sa petite estrade, les mots viennent au secours de sa lassitude, jetés à travers le micro par-dessus les ouvriers, les rangées d'outils, les machines. Un jour, au Mexique, j'ai vu un paysan au bord d'une route déserte s'enfoncer seul dans la forêt avec une machette. Je pense, écoutant sa voix rauque, hachée dans l'usine de moteurs de bateaux, aux mille et une manières qu'ont les hommes de se tailler un chemin.

Il fait la course en tête. Tous les sondages, depuis des semaines, le donnent gagnant, au premier tour comme au second. Lui continue à dire, je me considère comme un challenger. Je veux rester dans la peau du challenger.
Il le dit sincèrement.
Être le favori, quel désenchantement pour un amoureux de l'adversité.

À propos de son équipe :
— Ils n'ont aucun droit de se plaindre. Je les ai gavés. Pas gâtés, gavés. Aujourd'hui j'ai besoin d'air, il n'est pas question de j'aime ou j'aime pas. Tu ne peux pas te permettre d'être comme dans la vie normale quand tu veux être président de la République.

Toute ma vie les gens m'ont dit de ne pas être pressé... toujours attendre ! Et puis un jour on se retrouve vieux et on n'a fait qu'attendre, dit-il, dans Philosophie Magazine, à Michel Onfray (lequel est capable d'affirmer sans le moindre problème, *je ne connais pas l'ennui, je trouve toujours la vie magnifique, parce que saturée de passions...*). Il avait repéré cette phrase dans *La Luge d'Arthur Schopenhauer* : *Une fois un homme m'a dit, à propos d'une robe que j'avais repérée, la robe peut attendre, peut attendre quoi, ai-je rétorqué...* Le attendre quoi ? il l'a souvent répété, à divers propos, il l'a même inséré dans un discours. En réalité, c'est le *quoi ?* qui est sans fin.

Regarde l'océan de tes fans, plaisante Henri, à Nice, dans la loge, montrant la télé. Je fais remarquer à Nicolas qu'il a mis sa chemise rose, dans laquelle la transpiration se voit à l'écran.
Il hausse les épaules, il a la flemme de changer.
« Ou alors, à la fin, lui dis-je, jette-la dans la foule, comme Johnny.
— Le Johnny du pauvre, c'est ça ? Le Johnny du pauvre, tu sais ce qu'il te dit ?
— Dans ce que j'écris, il n'y a pas trace de cette modestie.
— C'est une erreur. »

Petits pains chauds aux truffes, coquilles saint-jacques aux truffes, demi-langoustines, pâtes aux truffes, risotto... les mets les plus fins nous sont servis, les uns derrière les autres, à une vitesse extravagante. Il a dit qu'il resterait peu, qu'il n'avait pas le temps, qu'il lui fallait vite rentrer à Paris. Il me dit, goûte ça, goûte ça, fabuleux, merveilleux, tu sais moi qui connais tout, il n'y a pas un autre endroit en France, eh écoutez ! j'emmène Yasmina Reza à La Petite Maison, on lui sert un sandwich aux truffes, elle dit elle est bonne cette tapenade ! À sa droite, la jeune fille blonde, à l'épaule dénudée, lui dit rêver de lui toutes les nuits. Il me glisse, elle me dit je rêve de vous toutes les nuits, c'est pas bouleversant ? Je dis, oui, oui... Écoute, c'est vraiment touchant (laissant sa main errer dans le dos de sa voisine...). Je dis, touchant n'est peut-être pas le mot... Quoi, elle est charmante cette jeune fille ! Tu as vu comme c'est bien décoré ? Pas un gramme de vulgarité, et tu as essayé la mousse au chocolat blanc ?... Je dis, essaie d'un peu mieux te tenir Nicolas, n'oublie pas que tu veux être président de la République... Il rit de son rire d'enfant, il lisse son crâne, un peu confus, le départ est oublié, la fille se colle contre lui, il boit du Lemoncello, il dit, c'est un endroit magique, tout est magique ce soir.

Il n'est jamais trop tard. Une des premières choses que m'ait dites G. Je l'ai entendue comme il n'est pas trop tard, je n'ai pas pris garde au jamais.
Il a tort. Aucun espace de la vie ne s'ouvre à perte de vue.

Mon cahier des jours derniers. Que de répétitions. Dans mon cahier, les jours s'égrènent et se confondent, frénésie monotone où cependant l'histoire s'écrit.

Il n'y a pas de lieux dans la tragédie. Et il n'y a pas d'heures non plus. C'est l'aube, le soir ou la nuit.

« Bon, je suis là à reculons », dit-il, enlevant sa veste, rue Cuvier, dans une salle du Museum d'Histoire naturelle, inaugurant ainsi la rencontre privée avec les ONG écologiques. « Beaucoup de mes amis ne voulaient pas que je vienne, pensant qu'il y avait un côté humiliant... Je veux bien discuter, mais il suffit pas qu'on me balance des tracts et qu'on me dise, signe, signe, signe. Des a priori, j'imagine que j'en ai moins que certains d'entre vous à mon égard... »

Sur ce, la discussion s'engage, de façon plutôt constructive, de part et d'autre. Un peu plus tard, un intervenant, croyant lui donner acte : « Vous n'êtes pas un facho et on n'est pas des baba-cool...

— Mais ça n'a rien à voir ! Baba cool, c'est sympa ! Vous vous rendez compte, le point d'hystérie de la politique française pour qu'on en arrive là ! »

Dans un article de L'Express qui lui est consacré, je trouve cette expression dont la justesse me frappe, *Cette authenticité antipathique...* Justesse des termes et de leur rapprochement dans cet ordre.

Dans les sous-sols de RTL, juste avant « Le Grand Jury », il est assis sur un fauteuil rouge vif sous une télé murale, muette, branchée sur LCI. Pendant qu'il se plaint de son traitement sur les ondes (comme paraît-il chacun des autres avant lui), François Bayrou, juste au-dessus de sa tête, rit en énorme sur un marché martiniquais, Ségolène et son écharpe flottante surgissent sur fond de nature ardéchoise et enfin, de façon surréaliste, lui-même sort de sa voiture rue Bayard, affichant une décontraction qui s'est apparemment perdue dans les escaliers.

Ensemble. Le titre de son nouveau livre confectionné dans la plus grande discrétion. Le cabinet presque entier fait le déplacement à l'UMP, au soleil couchant, pour remettre, dans le secret des dieux, un exemplaire de l'ouvrage à trois journalistes du Monde.
Véranda. Deux fauteuils. Un canapé deux places. Table basse. *Ensemble* devant chaque protagoniste. Nicolas (il faut imaginer la voix feutrée et la volontaire nuance de dépouillement) : ... Voilà. Personne ne l'a, personne ne le connaît.

Philippe Ridet : Merci... Ils ne sont pas dédicacés ?

Nicolas : Dédicacés, ce serait de l'hypocrisie.

Les journalistes élus feuillettent le livre. Les pages se tournent en silence.

Nicolas : ... Un gros travail... Écrit à la première personne... Vous verrez, c'est un beau... Vous allez le lire cette nuit... Vous allez passer une bonne nuit.

Ridet : Tu as déjà coché les endroits de Verbatim ?... (Nicolas sourit, dans le genre magnanime)... Bon, ben voilà. Qu'est-ce que tu voulais nous dire d'autre ?

Nicolas : Quoi. C'est déjà pas si mal... (il se saisit du livre)... Je le revendique. Je trouve qu'elle est assez belle la couverture.

Un des deux autres journalistes : Très présidentielle.

Nicolas : Oui.

Silence.

S'ensuivent quelques échanges supplémentaires, d'ordre annexe, bâtardes tentatives pour donner un semblant de corps à ce rendez-vous.

Debout, marchant vers l'ascenseur et retrouvant in extremis sa faconde habituelle, il dit à Philippe Ridet : « Tu es convaincu depuis 2004 que j'ai choisi la mauvaise stratégie, qu'est-ce que tu veux que je te dise ? Tu as des idées reçues et j'aimerais que tu reconnaisses par écrit quand tu te gaufres lamentablement ! »

Encore. Encore une de ces visites irréelles en charlotte et tablier blanc, longue chenille ridicule d'une centaine de suiveurs dans une usine de viennoiserie. Tout est blanc, murs, plafond, en une sorte de plastique ondulé, tu ne vois pas l'ombre d'un gâteau, lesquels passent peut-être dans des circuits de rails à mi-hauteur. Pour apercevoir Borloo, Douste-Blazy et Sarkozy endurer, les pauvres, quelques stations de dégustation de pâte non cuite, les journalistes se faufilent et s'infiltrent avec leur sauvage équipement, sous les toboggans de fer, entre les armoires électriques dans un enfer réfrigéré.

Attablé, enfin au chaud, dans un bureau étroit, sous une affiche Bridor et une armoire de baguettes et croissants, il dévore un pain au chocolat, l'esprit ayant déserté le corps, feignant d'écouter une femme parler de son « parcours de combattante » qui l'a conduite d'une entreprise de confiserie, (dont il écrit le nom par réflexe), à un poste d'Assistante de vie. À un moment, il sent qu'il lui faut dire quelque chose et, avalant sa bouchée, regardant sa note, fronçant le sourcil en homme soucieux : « Mais vous n'avez pas été contrainte de quitter "Nounours" ? »

« Dans le cadre du CTP, j'ai choisi un travail à domicile, j'adore les personnes âgées, comme je vais de CDD en CDD, je suis obligée de partir du CTP... » Il a configuré avec ses lèvres une sorte de génial sourire d'écoute, entre l'épate et la compassion. Il peut tenir sans bouger dans cette position quelques minutes et dire au final, comme il le fait, non sans gravité : « Merci Martine. »

Réunion politique.
Chemise rayée blanche, chaussures à pompons.
— Il y a trop de tout et pas assez dans la gamelle.
Voilà très exactement l'état d'esprit des Français.
La jambe s'impatiente, les pompons dansottent.
— Je vous dis une chose. Si on n'avait pas l'Identité nationale, on serait derrière Ségolène. On est sur le premier tour mes amis. On est sur le premier tour. Si je suis à 30 %, c'est qu'on a les électeurs de Le Pen. Si les électeurs de Le Pen me quittent, on plonge.
Affolement des pompons.

Enregistrement des spots officiels de campagne.
Il arrive, immédiatement odieux. Bon, j'ai aucune idée de ce qu'on fait, ça me fait chier à mort, et

j'ai envie de partir le plus tôt possible. Il disparaît dans la salle de maquillage. Ressort. Est-ce qu'on peut dégager les gens ? C'est un hall de gare ! Il s'assoit sur le fauteuil-tabouret. Je regarde où ? La caméra centrale. Allez, c'est bon ? Enregistrement du premier clip. « Mes chers compatriotes... » Je ne sais pas qui a trouvé un truc aussi dégueulasse que ce fauteuil. C'est le truc le plus antinaturel qui soit. J'ai aucun renseignement, rien, personne ne me dit rien. Que font tous ces gens ? Virez tout le monde, j'en ai marre. (Il me vire aussi mais je n'en prends aucun ombrage. Je ne ferai qu'éviter de me trouver dans son champ de vision.) Il enregistre plusieurs spots d'affilée. Il parle sans notes, sans répétition, il regarde à peine ce qu'on lui a préparé et ne fait jamais deux prises. On ne peut qu'admirer le don et la compétence. Mais ce que j'aime ce matin, étrangement, est son humeur. Non son talent, mais son indocilité, sa répugnance au passage obligé, sa détestation de l'obligation commune. Ce que j'aime aussi est la voix basse, contenue, d'autant plus mortifiée. Bon, qu'est-ce qui reste ? La solidarité ? C'est quoi ce thème à la con ? La solidarité, ça ne veut rien dire. On lui propose de changer de veste. Non, non, je suis très bien, je reste comme ça. Il y aura trois passages par jour, tu seras toujours habillé pareil ? Oui, oui, elle est très jolie cette veste. Il enregistre le spot sur la solidarité. Il faudrait qu'il sourie un peu, chuchote Jean-Michel, d'un autre côté si tu lui dis souris aujourd'hui tu le mets dans un état de rage définitif. Nicolas repasse derrière le rideau. Il consent à refaire le premier clip jugé définitivement agressif, comme il consent à changer de chemise. Dis un mot gentil aux techniciens, lui glisse Jean-Michel. Non, non, non, on verra ça après ce n'est pas mon problème. Je te signale que tu fais en une heure et demie ce que les autres font en cinq heures. Je m'en fous des autres. Avant de partir, il ira néanmoins parler aux techniciens... Il leur explique son attitude par une volonté de concentration et d'énergie, même pour vous les gars, vous comprenez, il faut que ça aille vite ! Pas un mot d'excuse.

Lyon-Bron. Aéroport.
Un groupe proteste, paraît-il, devant la pâtisserie de la Croix-Rousse où il doit se rendre.
Nous rions de bêtises en attente sur le parking, sous un soleil parfait. C'est bien la peine d'aller dans un truc cosy manger des macarons ! dit José Frèches. Tu vas dans les usines, avec les mecs de la CGT, il n'y a rien. Tu vas dans une pâtisserie, tu as une manif !
Pendant ce temps, je l'aperçois dans le hall, à

132

travers les vitres, faire les cent pas, portable à l'oreille, ruminant.

Quand on l'interroge sur le fait qu'il n'arrive pas à se faire aimer, il répond, citant les sondages, alors qu'est-ce que ce serait si on m'aimait ! Ou alors, je vais partout, dans les villages, dans les usines, dans toutes les régions, il n'y a jamais de manifestation. Distorsion de la réalité, à laquelle il croit pour partie tant son entourage le protège.
D'un autre côté, il est capable de dire, se faire élire n'est pas se faire aimer.
J'admire cette pirouette de l'orgueil qui s'empresse d'anoblir l'objet de souffrance.

En revenant de Lyon, Henri me demande mon avis sur le discours sur la culture.
— Trop moralisateur. D'ailleurs c'est une pente que vous avez prise ces derniers temps.
— Tu ne comprends rien à la politique !

Des apprenties tapissières clouent des fauteuils devant je ne sais combien de caméras et autres appareils, dans le silence surnaturel des coups de marteau. Il hoche la tête. Comme il hoche la tête, muet et à bout d'invention, une demi-heure plus tard, regardant un homme restaurer une brique ancienne avec un son de raclement épouvantable.

133

Combien de dégustations, de démonstrations, de moulages, de démoulages, de coups de marteau, de truelles, de raclage de pierre ? Ça fait trente ans qu'on lui polit des vieilles briques, dit Laurent.

Ce jeudi 12 avril, à Tours, il fait, à mes yeux, son plus fort discours depuis le 14 janvier... *Oui, je suis un enfant d'immigré. Oui, je suis le fils d'un Hongrois et le petit-fils d'un Grec né à Salonique... Oui, je suis un Français de sang mêlé qui pense que l'on est français en proportion de l'amour qu'on porte à la France, de l'attachement que l'on porte à ses valeurs d'universalité... La France n'est pas une race, ce n'est pas une ethnie... On n'est pas français seulement par ses racines, par ses ancêtres... On est français parce que l'on veut l'être... parce que la France, on en est fier. Parce que l'on se sent envers elle des devoirs, parce que l'on éprouve envers elle une gratitude, une reconnaissance.*
Quand nous étions enfants, mon père, né à Moscou de parents iraniens, marié à une Hongroise, déclamait des poèmes de Victor Hugo et La Fontaine... *sur un chemin montant, sablonneux, malaisé, et de tous les côtés au soleil exposé...* il répétait les mots, il faisait remarquer le percutant de la langue, sa musicalité, il était obsédé par la bonne prononciation, il disait on juge un homme à son accent, je ne pouvais dire ouais devant lui, il disait

regardez Paris les enfants, regardez Paris, la plus belle ville du monde, vous avez la chance de vivre dans la plus belle ville du monde, quand on passait devant les Invalides, à chaque fois il disait, regardez la joliesse de ce dôme, on a envie de le prendre dans sa main, on dirait un bijou, une bague, vous êtes nés en France, ce jardin, ce pays de cocagne, j'espère que vous en êtes fiers, il citait des noms de la littérature (j'ai écrit là-dessus), qu'il avait peut-être lus, mais la façon qu'il avait de les citer était plus importante que la connaissance, il citait les écrivains, les politiques, Talleyrand, Mazarin, il citait Jaurès (lui aussi), Blum, Raymond Aron et Mendès France. Il avait fait de l'histoire de France *son* histoire. À l'école, les copines disaient, je suis bretonne, je suis alsacienne, je ne comprenais rien à ces découpages, je disais, si on me demandait, je suis iranienne, ce qui était vrai car j'avais un passeport iranien, un passeport de nulle part, d'un pays qui n'existait plus pour personne, ma famille était dispersée par-delà les mers, je n'avais aucune langue commune avec elle, mais la mienne, le français, était belle et m'avait engendrée.

Enchantement en ouvrant le journal.
« J'aime bien être bousculé, que ce soit par un emballage de Christo, un Puppy de Jeff Koons ou une anamorphose de Varini », Nicolas Sarkozy,

dans un entretien à Arts Magazine, cité par Le Figaro.

Oh joie ! Oh délice que cet innocent plongeon dans la pensée unique, lui qui n'a de cesse de la pourfendre à longueur de discours ! Quel cadeau il nous fait, à nous qui le connaissons, d'avoir, sous l'égide de je ne sais quel conseiller ayant perdu la raison, laissé publier *ça* !

Récréation.

Un thé chez mamie.

Je lui demande pour qui elle compte voter. Je suis bien embêtée, dit-elle. Bayrou, sûrement pas. Je ne vote sûrement pas pour un homme qui a fait six enfants à sa femme. C'est un maladroit. Le Pen, bon, on sait très bien les opinions de cette vieille baderne. Ségolène, j'ai envie de la gifler. Pour moi, je vais te dire, elle serait chez Franck et fils, il y a trente ans, en train de me dire Madame M., j'ai pour vous une petite robe bleue qui vous irait très bien... on appelait ça une *première*, une première vendeuse, maintenant on dit une responsable, comme la femme de ménage maintenant on dit une technicienne de surface. Je trouve Marie-George sympathique et pas con. Je ne voterai pas pour elle mais je l'aime bien. C'est une femme que je pourrais rencontrer dans un marché et inviter à boire un café. Nicolas est trop nerveux.

Ayant un fils comme celui que j'ai, je sais trop bien ce que c'est un nerveux. Il lui manque dix centimètres, ça le gêne au niveau charisme international. Mitterrand, on s'apercevait pas qu'il était petit parce qu'il était placide, alors que Nicolas est un fox-terrier qui court partout en aboyant. Le type qui finit en « i », le vieux qui a l'accent du Midi, alors pour moi il vendrait du saucisson d'âne corse à La Baule-les-Pins, ce serait parfait. José Bové, d'abord je ne ferai rien pour lui avant qu'il ne se rase la moustache. La pipe, je la lui casserais, pang ! La moustache et la pipe, deux choses que je ne supporte pas chez cet homme. Au début de José Bové, j'avais une certaine sympathie pour ce type un peu frondeur qui foutait le feu aux endroits où on bouffait de la merde. Après non. Pour moi, il est zéro. Et quand est-ce qu'il trouve le temps d'être agriculteur ? Voynet, je la trouve gentille, mais enfin, bon, quand elle s'adresse à moi Voynet pour la couche d'ozone, j'y fais attention, mais quand elle s'adresse aux grandes industries qui l'écoute ? Ils en ont rien à cirer de Dominique Voynet. Tu sais, il n'y en a pas beaucoup qui trouvent grâce à mes yeux.

— Mais alors pour qui tu vas voter ?

— Ben je vais voter pour la Sarkotte, soupire-t-elle.

En vol vers Toulouse.

Je dis, j'aime toujours les hommes que j'ai aimés.

Il hausse les épaules comme si je disais une bêtise insoutenable.

— Si. Je t'assure. Je n'ai jamais cessé d'aimer les hommes que j'ai aimés.

— Je t'en prie !

— Je les aime toujours, autrement.

— Tout est dans le autrement ma belle. Ne me prends pas pour un con. Dès que tu qualifies l'amour, il n'existe plus.

Échange plutôt vif avec un responsable CGT, dans le bâtiment du comité d'entreprise d'Airbus.

— Je vous trouve très sympathique Daout, mais quand on décroche un uppercut, il faut s'attendre à en recevoir un en retour. Cela dit, j'ai beaucoup réfléchi à tout ça...

Un de ses collaborateurs me souffle, quand il dit, j'ai beaucoup réfléchi à tout ça, ça veut dire qu'il n'y a jamais pensé.

Dans le couloir de l'Institut anti-cancéreux Claudius-Regaud, parmi la foule des suiveurs, j'entends cette phrase prononcée par une femme replète en tailleur, teinte en roux d'une cinquantaine d'années : « ... Un hôpital de proximité, avec les personnes âgées dans la ville. » Elle le dit comme elle parlerait d'une autre espèce, et nous disons toujours ce genre de choses, les personnes âgées, en ne pensant jamais que nous serons elles.

J'ai accroché sur mon mur une photo prise par Élodie lors d'un déplacement dans la baie de Somme. Il pleut, une femme tient un grand parapluie noir au-dessus de lui. Il regarde un faucon s'ébattre, les pattes serrées dans la main d'un homme. Il fixe l'oiseau avec un recul épouvanté et stupéfait dont je retrouve la trace sur son visage devant l'accélérateur linéaire, machine tournante, ultra-moderne de radiothérapie, au centre duquel gît un mannequin de cuir découpé.

Titre de Libération du 12 avril : Entretien avec Nicolas Sarkozy, « Récupérer le vote FN, c'est mal ? », assorti d'une photo, index pointé.
La phrase exacte, à l'intérieur du journal, est : « Au nom de quoi récupérer les électeurs du Front national, c'est mal ? »
Est-ce la même chose ?

Encore (une dernière fois !) dans l'entretien avec Michel Onfray (lequel peut, sans le moindre problème, écrire dans son blog, relatant la rencontre *Je me sens Sénèque assis dans le salon de Néron*), il dit *Moi-même, j'ai créé mon personnage en transgressant certaines règles...* Il ne dit pas je me suis forgé, ou je me suis construit, il dit, j'ai créé mon personnage.

Dans la loge, à Toulouse.
Nicolas Sarkozy :   Il est élégant ton costume.
Philippe Douste-Blazy : Prada.
Nicolas Sarkozy :   Beau tissu, belle coupe.
(M'apercevant.) On parle fringues avec Douste.

Colombey-les-Deux-Églises.
Méditation devant la tombe du Général.
Entrée dans La Boisserie. (Que fait-il après avoir disparu derrière les feuillages ? Un mystère.)
Réapparition. Remontée solitaire de l'allée sous la ramure... (La jambe gauche tourne, il n'a pas encore intégré la marche pensive à l'ombre des grands arbres.)
Station avec ombre portée, devant la hideuse et gigantesque croix de Lorraine.
Écriture solennelle sur un livre d'or de trois phrases néo-historiques dans un silence imposé par le micro de France 2 (l'unique appareil, car l'exercice comporte sa charge confidentielle).
Midi. Au pays des signes, dans un village de Haute-Marne.

Metz.

Il observe la soudure d'un réservoir d'eau chaude. Les yeux mis-clos. Je sais bien qu'il n'écoute pas l'explication. Il n'a écouté aucune explication, et c'est sans importance, longeant les tuyaux, les rangées de tuyaux pliés en de mystérieux mouvements, les fonds de réservoirs empilés les uns sur les autres, les feuilles d'acier violet semblables à des matelas. On peut tout écrire sur le visage absent, fixant le cylindre enserré des deux côtés, étouffé à jamais. On peut aussi écrire sur le destin des choses de métal. Il y a quelques jours, il avait dit, à propos d'un livre de recomposition historique, l'imagination, c'est aussi vrai que la réalité. Ce qu'il y avait dans la tête de Daladier, on n'en sait rien. Personne ne le sait. Il ne le savait même pas lui-même.

Neuf heures du matin. À Saint-Ouen. Il est assis devant un café, chemise rayée, cravate à pois. Il répond aux lecteurs du Parisien. Un ultime exercice de promotion, venant après des dizaines d'autres du même genre. Je le sens usé, nerveux. Il parle trop, s'étale, donne l'impression d'être trop rodé, se vante inutilement, se lance dans une pédagogie de pacotille et curieusement exaspérée. Une femme demande : « Pourquoi vous vous emportez comme ça à chaque fois qu'on vous pose une question ?

141

— La vie politique française souffre d'un déficit de sincérité, de passion Brigitte...

— On peut être calme et sincère.

— Il faut garder une capacité d'indignation Brigitte.

— On peut s'indigner sans s'énerver. »

Il répond en s'adoucissant, remettant un ou deux Brigitte complètement inopérants car Brigitte le hait.

Semaine étrange de déchaînement médiatique. Au hasard des titres et des extraits d'articles, « *Votez peur* », « *L'inquiétant Monsieur Sarkozy* », « *relents de propagande stalinienne et de rhétorique fascisante d'avant-guerre* », « *Tant le personnage fait peur* », « *l'homme politique le plus impitoyable d'Europe* », « *Cet homme quelque part est fou ! Et la nature même de sa folie est de celle qui servit de carburant, dans le passé, à bien des apprentis dictateurs* ». Des mots amoindris cependant par le soutien de photos maladives, sournoises, démoniaques ou hitlériennes. Comme si la noirceur des portraits de plume, en dépit de l'épaisseur de l'encre, manquait de densité et devait être confirmée par les images.

Patrick Devedjian :

— On ne veut pas voir la mort venir. On est dans le combat. Regarde, la maladie ne s'approche pas de nous. On ne la laisse pas s'approcher. On pense qu'on peut aller plus vite que la maladie.

— Mais vous pensez que vous pouvez aller plus vite que tout.

— Oui.

Dernier grand meeting à Marseille.

Dans la loge, deux écrans côte à côte. Le premier montre les images de la salle. Au premier rang, Fillon, Juppé, Borloo... presque l'ensemble de ses soutiens politiques. Il est joyeux, détendu, son frère François est là, avec sa femme et une amie. Il regarde l'écran, heureux du nombre et de la présence de personnalités. La deuxième télé est branchée sur LCI qui retransmet son meeting de la veille à Issy-les-Moulineaux. Il n'y fait aucunement attention. Tout à coup, il s'écrie, regarde, regarde ce qu'on leur passe ! La tête de Basile !!! On voit un extrait du Championnat d'Europe de 1993, et le but de la tête de Basile Boli. Lequel apparaît, en chair et en os, à la tribune sous les ovations de la foule. Regarde Basile ! Il va parler, c'est lui qui va parler maintenant ! Il est fou de joie et d'excitation. Regarde la salle ! Et David Ginola !! El Magnifico !! Regarde, c'est lui !... Il n'a jamais fait de discours Basile, et là il commence devant dix-huit mille personnes ! Il s'aperçoit sur l'autre écran, et qu'est-ce que je fous là moi ? Il fait un geste pour qu'on ferme cette télé, il regarde Basile Boli avec ravissement, prenant un petit médicament avec de l'eau gazeuse et demandant poliment de l'eau sans gaz, il se brosse les cheveux, il dit, tu sais Ginola c'est l'idole de bien des gens, regarde, regarde la foule, à perte de vue !! Il rit. C'est un rire sans sujet particulier, un rire de contentement creux comme peut l'avoir un enfant.

J'écoute le discours dans la loge avec Bernard Fixot. Je note ces deux vantardises *Si je n'existais pas, il faudrait m'inventer* et *Je ne connais pas l'avarice des sentiments.*
Au retour, Henri me confirme qu'elles ne figurent pas dans le texte initial.
Le lendemain, je lui poserai la même question – je ne dis pas « vantardises », je dis « phrases » – il s'empresse de répondre qu'elles sont de lui, bien sûr !, il n'entend pas tinter la clochette de l'ironie et reprend, presque endolori par cette évidence, oui, c'est vrai je ne connais pas l'avarice des sentiments.

Ce matin, dernier jour de campagne officielle avant le premier tour, j'entends Ségolène Royal sur France Inter. *Il y avait un tabou, il ne fallait pas citer Blair... Je veux garder ma liberté...*

Deux traits communs. Levée des tabous et affranchissement.

Au téléphone, tard dans la nuit, G., qui est en province, conteste l'opportunité de certains propos de Nicolas. Quand on veut être président de la République, avance-t-il, on ne dit pas ceci ou cela. J'aimerais en parler plus profondément avec lui, car le contraire saute aux yeux. Quand on vise ce poste, on dit justement ce qui ne se dit pas et le scandale est bienvenu.

Lorsqu'il se présente, à cheval, chemise à carreaux rouges, jean, sur fond de Camargue et de taureaux noirs devant notre charrette bringuebalante, tirée par un tracteur, transportant la cinquantaine de journalistes censés suivre sa virée de guardian, il enlève ses Ray-Ban. Nicolas ne supporte pas la lumière du soleil. En homme vite ébloui, il doit cligner et grimacer devant les caméras. Au nombre des énigmes qui composent sa personne, celle-ci : pourquoi avoir choisi ce modèle de hublot oblong opaque (Joe Pesci dans une ruelle de Palerme) qui rend impossible toute exhibition raisonnable de sa personne en lunettes ?

Au retour de Saintes-Maries-de-la-Mer, presque personne dans l'avion. Élodie et moi sommes assises en face de lui. Je lui demande s'il est ému

ou inquiet à vingt-quatre heures du premier tour de scrutin. « Moins que je croyais l'être. Il n'y a pas eu d'incidents. J'ai fait tout ce que je devais faire. J'ai tout fait à fond. »
Je réalise que c'est précisément ce qui me touche en lui. Il fait tout ce qu'il peut. À fond.
Il ne croit pas que le ciel l'aidera.

— Chirac m'a appelé : Je suis très optimiste. Je ne t'aurais pas dit ça il y a quatre jours. Je suis très optimiste. J'aurais pas dit ça quatre jours avant, il m'a dit.

Il prend un des appareils d'Élodie qui est posé sur la table, le lourd, à gros canon pour voir « comment ça fait de voir quelqu'un à travers ça ». Il la regarde dans l'objectif et la vise. Depuis des mois, j'observe le contraire.
Il cadre et prend la photo.
C'est une image surprenante, inversée, et qui échappe au cours normal du temps. Élodie est gênée, adorable.

— J'écoute très peu de personnes. Et celles-là ne me disent pas d'avoir l'air gentil. Je n'ai pas besoin de gens qui me disent faut sourire, faut rassurer. Si tu savais comme je n'ai pas besoin de ça. Je hais – le mot est faible – quand on me dit ce genre de choses. Ils te répètent ce qu'ils lisent dans les journaux, en huit jours ils te font perdre toute ta confiance.

Dimanche 22 avril. 18, rue d'Enghien.
Vers 17 heures dans le bureau de Laurent.
Il est au téléphone avec un sondeur : Très serré entre nous et elle ? Tu donnes quoi toi ?... (il raccroche). Il chiffre pas cette crapule ! Ces connards, on se fait chier à se les gaufrer toute l'année, *vous êtes dans le temporel, il faut mettre du spirituel,* du spirituel ces enculés ! Et maintenant ils veulent pas chiffrer putain !

— Les parlementaires téléphonent tous à Lefebvre qui est saturé d'appels de cons !

— Alors ?
— On est comme sœur Anne, on ne voit rien venir. On attend le tsunami. Jusqu'ici on est encore en vie.

Samuel me dit, toi tu as forcément gagné. Quoi qu'il arrive. Et si on n'est pas au deuxième tour, tu auras gagné sur toute la ligne. Tu auras une vraie tragédie.
J'éprouve le saugrenu du mot *gagné.*
Par essence, l'œuvre est amère et non triomphale.
Celle-ci en particulier.

Vers 17 h 30, je me montre dans l'embrasure de la petite salle de réunion au moment où lui-même vient d'arriver. Il est très tendu et ordonne aussitôt de fermer la porte. J'ose, tu permets que je reste ? Je m'attends à non, Yasmina, s'il te plaît ! Mais il dit, entre ! Je me colle contre un mur avec mon cahier. Autour de la table, les politiques (une vingtaine, il ne manque qu'Alain Juppé) sont silencieux. Il dit, à l'heure qu'il est rien n'est sûr, Ipsos vient de terminer la sortie des urnes... fermez la porte ! les gens sont là ou ne sont pas là ! c'est terminé ! c'est pas un quai de gare !... (Xavier Bertrand et Philippe Douste-Blazy resteront un temps bloqués derrière)... Giacometti me dit rien n'est sûr, sauf qu'il semble que la première place soit accrochée. Bon. Tout peut changer. (Un téléphone sonne)... Arrêtez les téléphones, c'est chiant... Ce que me dit Giacometti : on est sûr que les deux premiers, c'est elle et moi. Si Le Pen est bas, c'est la réussite de notre stratégie. Si on est au-dessus de 25, c'est bien, au-dessus de 27, c'est très bien, au-dessus de 28, c'est exceptionnel... (Son portable vibre)... Taux de participation 85 % ! Quand je pense que ces connards disaient que c'était une campagne nulle ! Vous pourrez dire que l'animation des thèmes c'est moi qui l'ai portée.

À 17 h 50, il prend un nouvel appel sur son portable et sort de la salle en chuchotant. Il revient quelques minutes après. Bon, Giacometti, qui n'est pas un plaisantin, aura d'autres éléments dans dix minutes, mais apparemment, nous sommes autour de 30 %. C'est historique. Tout à coup, il s'éclaire : si on est à 30 % dans un pays qui vote à 85 %, c'est un raz de marée !... Il sourit. Il se tourne vers les uns, les autres, c'est un bonheur contenu et réel. Peut-être que cet instant du soulagement est l'instant le plus heureux. En attendant, est-ce que vous voulez que je vous lise ma déclaration ?

Je relis les notes prises pendant cette heure. Il n'y a que lui, sa voix, ses mots. Il est seul. C'est lui qu'on appelle, lui qui reçoit les chiffres, informe les autres, lui qui analyse, instruit, divertit. Aucun collaborateur n'est présent, à part Claude Guéant, réduit à griffonner des notes mystérieuses. Il n'y a aucun filtre entre lui et la chose. L'heure lui appartient, le jour lui appartient.

Il lit sa déclaration à venir, assis à la table ovale, devant le petit comité politique. Il y met le ton, l'énergie, la volonté de persuasion. Ils l'applaudissent. Il dit, résultat de la nuit avec Henri. On va finir par faire un enfant avec Guaino. Je l'adore. Mais passer la nuit avec lui me tue. J'aimerais mieux autre chose... bon, mais je lui dois beaucoup. Quand on est tous les deux face à face, parfois, on a la larme à l'œil.

À 18 h 45, il revient (il est encore sorti pour parler au téléphone). Les enfants, les enfants (désormais il ne cessera de dire les enfants), ce n'est plus un sondage mais une estimation sur les bureaux de vote. Nous 31, Ségo 25-26, Bayrou 17, Le Pen 11. Ovation sur Le Pen 11. Il se penche vers Simone Veil et l'embrasse, c'est mon petit talisman, c'est pas la plus facile mais... Il faudrait que ce soit Simone qui leur parle aux électeurs de Le Pen, si c'est moi qui dis, je vous remercie d'avoir quitté la brute, ça ne va pas !... Les enfants, restons concentrés, on est toujours sur le premier tour jusqu'à la déclaration. Pour moi, c'est l'aboutissement de cinq années, je dirais même de douze années d'effort... CSA 31 ! Ces braves gens du CSA, en vingt-quatre heures, cinq points de plus ! Je vous laisse, je vais voir ma famille !
Il quitte la pièce.

Grand beau temps, ce lundi 23 avril.
Nicolas n'est pas arrivé. Dehors, dans l'impasse, devant l'association Cœur de Femmes, la fondatrice du lieu, qui accueille des femmes en situation de grande précarité, présente Simone Veil à certaines d'entre elles.
— Vous aussi, vous êtes une copine de M. Sarkozy ?

Plus tard.

— Madame, si on accueille tout le Congo, il n'y a plus de Congo. Je veux qu'on accueille bien ceux qu'on accueille ; une fois que vous avez accueilli toute l'Afrique, vous mettez qui là-bas ?

— Des Français, répond la femme.

— Enrico, tu as ta guitare ?

— Dans l'avion, on n'entend rien.

— Tu vas voir ce que je vais dire sur l'Algérie ! Moi j'aurais aimé naître en Algérie. Quand tu naissais en Afrique du Nord, tu rêvais de la France, quand tu naissais à Paris, tu rêvais de rien du tout !

Dijon. À la tribune, Enrico Macias chante *Toi Sarko tu m'as pris dans tes bras*. Dans la loge, le regardant sur l'écran, il se met à taper dans ses mains, abandonnant le discours qu'il vient de recevoir pour l'écouter. Puis, soudain, se lève et m'invite à danser.

On danse joyeusement. Élodie prend une photo.

Avant son entrée à lui, c'est l'ex-secrétaire national du PS chargé des questions économiques, Éric Besson, qui parle. Un homme qui a commencé la campagne dans l'équipe de Ségolène Royal et qui la termine en soutenant Nicolas Sarkozy. Je le regarde s'exprimer sur l'écran, fascinée par la

transgression singulière à laquelle nous assistons...
*il fallait donc, pour espérer le battre, le diaboliser, le
caricaturer en espérant parvenir à ce qu'il fasse peur...*
Je dis, c'est bien ça. À quoi Nicolas répond, en
quittant la loge, toi tu n'es pas là pour admirer les
autres !

Laurent : Qu'est-ce qu'on pourrait faire le 4 mai ?
Le dernier jour de campagne officielle ? Ce serait
quoi la belle image, tu aurais une idée Yasmina ?
Y. :   Prendre un verre au Palais-Royal avec un
grand écrivain.
Pierre :   La flûte à bec est de retour !
Laurent : On avait « Martine au ski », maintenant
on a « Yasmina fait de la politique » !

Ils sont debout, devant lui en demi-cercle, corolle
de cravates et de visages graves (quelques femmes).
Appuyée à la rambarde du deuxième étage de la
rue d'Enghien, je l'observe d'en haut galvaniser les
parlementaires. « Je ne veux pas qu'on fasse de
l'UMP une machine à m'applaudir. Je n'en veux
pas. Le parti doit être libre. Libre de dire des choses
ou alors le président reste enfermé et c'est la mort...
Je ne mène pas un combat politique, je mène un
combat idéologique. On fait campagne sur des
valeurs. C'est en prenant des risques qu'on va

gagner. Je crois qu'on emporte tout ou qu'on n'emporte rien. Cette stratégie-là, c'est la seule qui permet de gagner, mais je vais vous dire, c'est la seule qui permet d'être heureux. »

L'après-midi, à Rouen, je lui dis que j'ai été impressionnée par sa façon de parler aux élus. Il a l'air étonné. Il ne sent même pas qu'il y a lieu de le féliciter pour ce type de prestation. Pourtant, c'est souvent hors micro, hors caméra, livrant, sans y penser, la pleine mesure de sa liberté que je l'admire sans réserve.

À Rouen. Un bon quart d'heure (qui me paraît trois heures) sur Jeanne d'Arc. Je veux dire sur Jeanne. Jeanne tout court, Jeanne la France en personne, l'innocente, la martyre, la sainte, l'enfant du peuple, criant le nom de Jésus au milieu des flammes, etc. Quel lien sérieux avec le Nicolas Sarkozy que je connais ?... (Henri ! Henri !!...)

Nathan :
« De temps en temps, dans ses discours, il a un coup de folie avec la France. On voit la France arriver, comme en Afrique dans les livres d'histoire. Une femme immense qui volète avec une cape, et des Noirs, bras tendus, qui veulent le bonheur. »

Sur TF1 et France 2, en hypo-président, un air nouveau de gravité sereine (légèrement souffrante).

« ... voir un parent souffrir sur son lit de bientôt mort ».
Morceau de phrase prononcé dans l'émission d'Arlette Chabot.

Clermont-Ferrand.
— Vous connaissez Yasmina Reza ?
Égarement furtif dans les yeux de Valéry Giscard d'Estaing, puis : « *Art* » ? J'acquiesce.
— Oh « *Art* », c'était magnifique ! Vous l'avez vu Nicolas bien sûr ?
Nicolas me vante gentiment et ajoute, en ce moment elle écrit un portrait de moi.
— Ah ! Vous écrivez un...
— Un livre, monsieur le Président, dis-je.
— Oui, un... Un fascicule ?

L'écoutant, après le meeting, parler dans la loge à moquette rouge avec Valéry Giscard d'Estaing et d'autres personnalités, surprenant les mots flatteurs, les compliments, les souvenirs sortis de la boîte, *la moralisation du capitalisme, c'est vous qui m'en avez parlé le premier, les gens me disaient c'est quoi cette phrase gauchiste, et je répondais c'est VGE qui me l'a soufflée*, me frayant un chemin parmi les gens pour récupérer une veste, je pense tout à coup que ce

154

sont les derniers moments, que dans une semaine il n'y aura plus les tables de buffet, les chocolats, les petits-fours, les machines à café dont je ne sais me servir, les loges plus ou moins arrangées, plus ou moins froides, les écrans mal réglés, les fauteuils en faux cuir, la table de maquillage, la valise de Marina, le portant de costume et de chemises, les photos de gens qui se placent à côté du candidat, les uns après les autres, fous de joie, les cravates de province, les chaussures à pompons, les femmes pomponnées, tous ceux que j'embrasse et qui me font passer par les portes interdites, ceux qui me crient on part et je dois me dépêcher, dans huit jours, tout cela n'aura plus d'existence.

Il parle d'un proche. Il dit, il est fragile. Il dit, il n'est pas solide. Tu peux être solide et fragile. D'ailleurs la fragilité, c'est ce qui rend la solidité supportable.
J'entends la dernière phrase comme destinée à lui-même.

À Saint-Saulve, dans l'usine Vallourec de production de tubes en fonte non soudés pour l'industrie pétrolière, je retiens la musique de l'acier, grondement de voix graves, plaintives, des machines, des souffleries, les sons de cloches, les claques suraiguës, les containers, les blocs, les balustrades, jaunes, bleus, rouges, vieillis, noircis, les passerelles brûlantes sur lesquelles nous avançons portant des casques blancs, et du haut desquelles je n'aurais jamais vu, sans la raison de ce livre, les barres incandescentes courant sur des rails noirs, roulant sur des plaques en pente de métal, les feux d'artifice, les canaux d'eau fumante, toute cette magnificence de la grande métallurgie.

Au Bourget. Près de la grille, riant, se tenant par le bras, Jean-Louis en chemise, veste jetée pardessus l'épaule, Nicolas en costume, par grand soleil devant les voitures en attente, s'étreignant, conspirant, coquins, se chuchotant des choses à l'oreille, Nicolas lui fait lire un texto, Borloo le découvre en l'articulant à voix basse, ils se marrent en se tapant la joue, ils ont treize ans et demi, mon pote, t'es fait pour être président de la République comme moi reine d'Angleterre !...

Dans sa loge de Bercy, debout à côté du chanteur Faudel, regardant l'écran, il cite les noms, ébahi de joie, de toutes les célébrités qui apparaissent. Alain Prost !... Henri ! Henri Salvador !... Charlotte Rampling ! Et c'est qui la petite blonde ?... Bigard !... Regarde, regarde les gens dehors ! Christian et Jean Reno ! Basile !... Marina, tu veux bien me maquiller ici ?... (Picorant des chocolats.)

Regarde, on a enlevé les sièges en bas pour faire rentrer plus de monde !... Oh un tel ! Oh lui ! Oh elle !... Tiens, Candeloro !... André Glucksmann !!... Et Farrugia ! T'as vu quand même, on a la gauche ! Johnny arrive, il dit, t'as piqué ma loge ! Il frétille. Il est vraiment le garçon qui a piqué la loge de Johnny, et qui n'en revient pas.

Vingt minutes plus tard, maquillé, coiffé, habillé en homme légitime, empaqueté dans l'âme de sa fonction, et impatient de la faire briller, il monte sur scène.

Pierre Sarkozy entre dans la loge. Il attend, à l'écart, que son père soit délivré d'un supporter. Quand il le peut, il s'approche, lui serre discrètement le bras, et à voix basse en l'embrassant :
— Bravo papa.
Au milieu des gens qui parlent haut, parmi tant de louanges et d'effusions démonstratives, on est saisi par la délicatesse et l'aimante pudeur de ses deux fils aînés.

Dans les pages « Rebonds » de Libération du 30 avril, une chronique intitulée, « Pour Ségolène Royal, contre Nicolas Sarkozy », et sous-titrée : « un appel d'intellectuels de gauche avant le second tour de la présidentielle ».

Je passe sur la faiblesse du texte car ce n'est pas mon sujet, pour m'intéresser aux signatures. Une centaine de noms, la plupart écrivains, metteurs en scène, comédiens, cinéastes, musiciens ou tout simplement « artistes ». Par quelle étrangeté, des gens dont la fantaisie est la raison d'être, dont la liberté et parfois la gloire consistent à s'être échappés du raisonnable, endossent avec cette gravité furieuse le statut d'intellectuel ?

Une photo. Sur fond de mer et de pédalos. Cela s'appellerait une réunion de travail avec la nouvelle génération. Une image de détente studieuse, en Corse, pour cette dernière semaine de campagne électorale. En marchant sur les planches, sur le ponton de Cala-Rossa, Éric Besson me demande si ça se passe comme au PS, chacun voulant être collé au héros. Je réponds, évidemment (de fait, il se tiendra si loin de lui que Nicolas l'appellera). Il fait froid, il a plu. Il y a Rachida Dati, Valérie Pécresse, Nathalie Kosciusko-Morizet, Michèle Alliot-Marie, Brice Hortefeux, Claude Guéant, Xavier Bertrand, François Fillon, Éric Besson. S'il est élu, la plupart d'entre eux seront ministres. Ils font semblant d'être à l'aise dans leurs habits d'été. Semblant de contempler le large dans le secret de leur âme. Je me tiens derrière Élodie qui prend la photo. Je porte le charmant ciré à fleurs que j'avais sur scène dans *La Luge*..., Xavier dit, Yasmina s'est rapidement fait un manteau avec le rideau de douche !

Quelques mots cueillis pendant le déjeuner :
Michèle : (parlant de X.) Il est très tourné sur lui-même. Trop. Ça lui nuit.
Nicolas : Oui Michèle, mais en politique on est tous tournés sur nous-mêmes.

Nicolas : Tu fais des dizaines de kilomètres de bagnole et à la fin tu as un type qui te dit, et la prime à la brebis ?

Nicolas : Si je gagne, je voudrais supprimer le Front national, le Lyon's Club et le Rotary.

Nicolas : (répétant une phrase de son discours de Bercy :) Entre Jules Ferry et 68, ils ont choisi 68... Bon, c'est limite mauvaise foi...
Y. :   Je suis contente de te l'entendre dire...
Nicolas : (il rit) Oui. c'est même terrifiant de mauvaise foi, mais enfin, il faut y aller !

Dans l'après-midi, au soleil, regardant la mer, che-mise ouverte, chaînette, lunettes de Joe Pesci : « Écoutez, madame, vous n'avez eu dans votre vie politique à gérer aucune crise majeure... » *Madame*, c'est Xavier Bertrand qui est épatant en Ségolène Royal, calme, pointu, persiflant : « Monsieur Sarkozy, déjà vous racontez que les trente-cinq heures, c'est la durée hebdomadaire du travail, en réalité, c'est trente-huit... » Nicolas renverse sa tête contre le tronc d'arbre qui est derrière, demande ce qu'il y a à boire et argumente avec une précision aimable. Éric Besson est une Madame Royal du deuxième degré, au déchirement visible et obstiné, qui reçoit des textos d'insultes pour sa traîtrise car au moment où la scène se déroule, un encadré du Monde signale sa présence en Corse pour préparer le débat. Nicolas répond à ses contradicteurs et dit, comme c'est agréable ce soleil ! Ça l'intéresse et ça l'emmerde. Il va d'un sentiment à l'autre. Il est partagé entre le possible bienfait de l'exercice et sa réfutation profonde. J'ai souvent observé ces trouées d'inertie opposées à la contrainte. Fillon l'attaque sur le départ des fonctionnaires dans l'éducation. Il s'emporte aussitôt. Bertrand renchérit sur l'hôpital. « Madame, madame, si vous pouvez expliquer aux Français qu'on peut être mieux soigné en dépensant moins, allez-y. On a besoin d'argent pour l'hôpital mais où vous trouvez l'argent ? J'en parle, vous n'êtes pas contente. Je crée une recette pour la sécurité, vous n'êtes pas contente, vous n'êtes jamais contente, pauvre conne ! Dites-moi, où vous trouvez l'argent ? J'ai un de mes proches, madame, qui est devenu sourd, son prénom est Jacques, il faut bien qu'on lui trouve de l'argent pour son Sonotone !... »

Le 1ᵉʳ mai.
Qu'est-ce qu'on va foutre dans un Centre opérationnel sinistre à regarder un radar ? Vous vous êtes renseignés sur la météo ? Qui a eu cette idée de demeuré ?... Je me fous des Bretons. Je vais être au milieu de dix connards en train de regarder une carte ! Une demi-heure pour aller dans le Centre opérationnel, et encore une demi-heure pour aller dans le Centre Alzheimer ! Derniers jours de campagne, dans une salle voir une carte ! Grand sens politique, vraiment !...
Une immense carte murale du Finistère. Les mots hélicoptères, britanniques, bénévoles, Guernesey... bourdonnent autour de son visage compassé. Derrière les vitres, la mer d'Iroise, la pluie, le ciel bas. Sur un sentier caillouteux, au loin, parmi des rochers et des herbes éparses, une petite manifestation de huit personnes (entourées d'autant de gendarmes), marche en tenant des pancartes, Ségo-oui, Sarko-non.

À Bourg-Blanc, le Centre d'accueil spécialisé Alzheimer.

Sur le mur du couloir d'entrée, des photos de « sorties » : Visite du Musée des Goémoniers de Plouguerneau, puis Goûter au port Korejou. Des gens, dans un soleil venteux, un peu pliés, portant des pantalons à carreaux, des vestes tricotées à gros boutons.

« Nous allons nous diriger maintenant vers le jardin qui est un jardin thérapeutique. »
Sur un banc de bois clair, cinq pensionnaires, quatre femmes et un homme, sont assis.
Nicolas :   Vous êtes là depuis combien de temps ?
Une femme : Assis sur ce banc ?
Nicolas :   Non, dans l'établissement !
Dès que Nicolas part, ils se lèvent et s'en vont en riant sur le sentier de gravier. Le monsieur marche complètement courbé.
Le jardin est vide.
Élodie et moi nous asseyons sur le banc abandonné. On tient chacune à la main un petit bouquet de muguet offert par Frédéric Della Vale, son garde du corps le plus proche. On se dit qu'on sera peut-être là un jour. Devant le carré de terre d'où surgissent des rhododendrons. Quelle déprime, dit Élodie. Un homme passe et nous dit qu'il reste quelques chambres de libre. On rit bêtement. C'est le jour de mon anniversaire. À l'entrée

de la maison, il y a un mur peint sur lequel peine un cheval de trait, et un dolmen avec une croix devant la mer. Des couleurs crues, entourées d'un trait noir. De l'intérieur, parvient la voix amplifiée de celui que nous suivons. Un homme qui tente de s'élever selon le monde et que le monde acclamera peut-être dans quelques jours. Que peut-il dire à ces gens, assis, frêles, à une table de petit déjeuner, la dernière qu'ils verront de leur vivant, devant les bols, les assiettes, le pain, le simple ordinaire qui va s'amenuisant. Il ne leur dit rien à eux, il les voit à peine, il parle aux autres, à ceux du lointain derrière la caméra. La maison basse de Bourg-Blanc est un décor, ses pensionnaires des figurants. Dans mon cahier, cette définition, sans source, de la vie comme la lutte épuisante, et finalement mortelle, de la vie contre elle-même. Quelle déprime, répète Élodie. Je pense à cette scène, une des plus géniales de la littérature, Thomas Bernhard, le narrateur, et Paul Wittgenstein, son ami, sont assis sur un banc après s'être retrouvés entre le Pavillon Hermann des poitrinaires et le Pavillon Ludwig des fous du Steinhof, chacun vêtu des uniformes réglementaires des deux secteurs. *Nous nous étions assis sur un banc, un de ceux qui faisaient encore partie du secteur des poumons. Grotesque! Grotesque! a-t-il dit, sur quoi il s'est mis à pleurer sans pouvoir s'arrêter.*

Il dit cette phrase, en revenant de Bretagne, je suis étranger à mon passé. La seule chose qui m'intéresse, c'est cet après-midi, demain.

Je lui demande pourquoi ce n'est pas *tout de suite*.

Je dis ce n'est jamais le présent qui vous intéresse, vous vivez en perpétuel devenir. Il réfléchit. Il en convient. Je dis, vous sacrifiez des instants qui ne reviendront jamais, vous brûlez des jours que vous ne connaîtrez jamais.

Il dit, oui.

Dans son bureau de la rue d'Enghien. Seul, face à Pierre Giacometti, le patron d'Ipsos. Claude Guéant est là aussi, silencieux.

Pierre Giacometti l'informe du dernier sondage (53 % des intentions de vote) et lui parle du rééquilibrage des voix de François Bayrou en sa faveur.

Nicolas : Donc, tu es confiant ?

Pierre : Oui.

Nicolas : On peut faire un bon score ?

Pierre : Le débat sert à ça.

Silence.

Nicolas : On me tape tellement dessus.

Pierre : Ça c'est très bien.

Silence.

Nicolas : Moi je refuserai le combat. Tous ces gens

qui s'énervent autour de ce débat. C'est ridicule. Aucun sang-froid.

Silence.

Pierre : Sur la forme : moins tu l'interromps, mieux c'est. Écoute, sérénité, respect.

Nicolas approuve en silence, lisant la feuille que Pierre lui a donnée. Il est allongé, en chemise, jambes sur la table basse sur laquelle il y a trois arrangements de muguet.

Pierre Giacometti sait qu'il parle à un homme qui n'aime pas qu'on lui parle. Il ne s'exprime que du point de vue de son expertise et n'en révèle que les traits essentiels.

Pierre : À l'arrivée, l'idée c'est de montrer que toi tu es respectueux de la gauche.

Nicolas : Oui.

Pierre : Les Français pensent qu'elle n'est pas dans le réel. Toi tu es dans le concret. *Dites-nous, précisez-nous.* Je te recommande l'emploi du nous.

Nicolas : Bon. (Un temps.) Voilà.

Pierre : C'est bien.

Silence.

Nicolas : Bayrou ?

Pierre : Il n'est pas exclu qu'il parle jeudi ou vendredi.

Nicolas : Il dira qu'on est deux burnes, je m'en fous. J'ai bien fait de dire qu'on n'a jamais vu le

165

troisième en final de Roland-Garros. C'est du gros rouge mais ça fait du bien.

Long silence.

Nicolas : Bon. Je sais ce que j'ai à faire. Il ne reste plus qu'à faire.

Le lendemain soir, face à Ségolène Royal, il le fait.

En partant pour le plateau des Glières, le dernier déplacement de la campagne, je me désole auprès d'Henri de la nostalgie qui nimbe tous les récents discours et de ce délire de références sacrées. Il s'enchante de la critique qu'il entend comme un compliment.

Je me suis senti proche des moines... avaient-ils osé la veille, à Montpellier.

— Tu t'es senti proche des moines ? dis-je à Nicolas.

— Oui, oui, très proche des moines !...

— Et *ce long manteau de cathédrales...* c'est toi ou Henri ?

— C'est moi. Je l'ai rajouté.

Je demande à sa sœur, qui nous accompagne, s'il s'est toujours senti proche des moines et des cathédrales. Elle lève les yeux au ciel.

— Rigidité des femmes, dit-il.

Il feuillette les journaux qui traînent ; tous le prédisent victorieux. « Je vais me retrouver avec un palais à Paris, un château à Rambouillet, un fort à Brégançon. C'est la vie. »

Balançant Les Échos qui titrent, à son avantage, sur lui et Royal : « Je ne sais pas pourquoi je lis tout ça, ça me fait chier ! »
Il a déjà gagné. Une victoire annoncée par la morne dramaturgie du papier, distillée par tous les faiseurs de bruit, un sort attendu dont il cherche désespérément à préserver la magie obscure.

Route si belle du plateau des Glières au Petit-Bornand. Montagnes falaiseuses sur le ciel blanc et doux. Hêtres, frênes, verts tendres, au milieu des sapins, hameaux de bois et de pierres, torrents, austérité du printemps naissant.
Loin de tout.

Dans l'auberge du village, dos à dos, attablés à des tables séparées, mangeant une fondue savoyarde, ils se penchent l'un vers l'autre :
Henri :   Pendant cette campagne, tu n'as cessé de t'améliorer.
Nicolas : J'espère que tu t'amélioreras autant que moi !

Échange théâtral, confectionné pour amuser la galerie, mais qui, dans sa vérité acide (folie d'immodestie de l'un, lucidité cruellement prometteuse de l'autre), révèle l'inverse de ce qu'il veut montrer, et porte les germes d'incertains lendemains.

« J'aime pas dépendre et j'aime pas qu'on dépende de moi. »
Une autre fois, il me dira, je comprends le principe de la tournée et des gens qui retrouvent leur vie.
Et combien d'autres phrases relevées, au hasard des pages, sur cette inclinaison à vouloir s'émanciper des êtres, à se mettre *hors d'atteinte*.

Dimanche 6 mai.
Je dis à sa mère, Andrée, qui est assise sur un fauteuil dans le bureau de la rue d'Enghien au milieu de la famille, frères, sœurs, enfants, invités sur leur trente et un, quelques célébrités autorisées à être dans la pièce... je dis à sa mère, votre fils vient d'être élu président de la République, je vous regarde madame depuis cinq minutes, vous êtes calme, peu bavarde. Oh, vous savez, dit-elle, le jour le plus émouvant est le jour où il a été élu à Neuilly, car il avait vingt-sept ans.

Je relis mes notes de ce jour. La pièce surbondée, les préséances – lorsque Alain Juppé arrive, Nicolas enjoint, sans prendre de gants, à certains de lui céder leur place assise –, l'annonce du résultat sans joie particulière, « Les choses prennent une bonne tournure, les Français nous font confiance », la lecture de la déclaration à voix étale, les conseils aux politiques, dire que la victoire nous oblige, dire que nous allons tenir parole... « On a donc les législatives maintenant. Attention à ne pas apparaître suffisants ou insuffisants, les Français sont des génies du recadrage », le bureau transformé en salon de cocktail, ceux qu'on invite à se glisser dans l'entrebâillement, ceux qui errent devant la porte, les enlacements mécaniques, les photos posées, le décompte en chœur et à voix haute, le visage qui apparaît sur l'écran à 20 heures, les bravos comme s'il venait de souffler des bougies d'anniversaire, les coups de fils de Chirac, d'Omar Bongo (« Je t'embrasse mon Omar ! »), de Ségolène Royal (écoutée par moi comme une commère misérable, collée contre le paravent derrière lequel il s'était caché), la traversée de Paris pour aller salle Gaveau, la folie de motards, la police, les photographes, les caméras de télé, le cortège ivre de voitures suiveuses (je suis irréellement dans l'une d'elles), le visage terne et songeur aperçu à travers la vitre, la loge de Gaveau, l'étreinte, réelle celle-ci, avec Frédéric Della Vale

(« mon ami, mon frère »), celui dont il m'a dit, il ne parle pas, les larmes secrètes de Pierre et Jean, les fils, la mondanité au Fouquet's, la furie des portables, le froid de la nuit à la Concorde, les félicitations auxquelles je ne comprends rien, la désolation du bruit, la désolation des caravanes, les câbles qui traînent derrière la scène, les barrières qu'on déplace, l'attente de l'homme qui n'arrive pas, égaré quelque part dans l'excitation.

> *Capitaine, victoire et vertu sont mensonges*
> *(...)*
> *Tout est fini depuis longtemps, tout n'est que songe.*
> *Le fer qui doit t'abattre est rongé de sel roux ;*
> *Et ton néant ressemble à celui de nous tous.*
>
> Jorge Luis Borges
> *À l'effigie d'un Capitaine des armées de Cromwell*

Récit de Samuel :
« Je me suis senti complètement étranger à la foule en liesse. Je me sens étranger à ces foules-là. Je n'ai trouvé aucun taxi, tous étaient pleins, j'ai marché sur les quais et je me suis rendu compte de l'extrême proximité de la rue de Solférino et de la Concorde. Il y a juste la Seine entre les deux. Je suis arrivé à l'angle de la rue de l'Université, au café qui s'appelle Solférino. Le café fermait. Des militants socialistes en sortaient complètement

hagards, des gens muets, des regards vides. Je n'ai compris ni la liesse, ni le désespoir, je me suis senti étranger à tout. Il y avait un véhicule de la Ville de Paris, une balayeuse qui nettoyait le trottoir jonché de détritus, la rue de Solférino était pleine de détritus, de papiers, de cartons, comme les restes d'un marché. J'ai remonté le boulevard Saint-Germain, devant la Maison de l'Amérique latine, il y avait un autre groupe, plus chic, des gens de la baronnie, des fantômes, complètement dépités. J'avais faim, je suis arrivé chez Lipp qui fermait, la lumière était allumée, le type faisait ses comptes, les serveurs nettoyaient la table. Aux Deux-Magots, pareil.

À la Concorde, j'étais monté sur la scène avec lui, au fond, en retrait, juste pour voir la foule que j'entendais. Tu avais du mal à apercevoir les gens, tu voyais seulement les dix mètres éclairés. À ce moment-là, j'ai pris conscience, même très modestement, pour le patron surtout, qu'il y avait une obligation de résultat, j'ai compris que la charge était énorme. Je n'ai pas écouté le discours, j'étais dans l'*après*. J'ai pensé, il a réinventé la politique par le verbe, maintenant on est dans l'action. Il n'y a que lui qui peut agir. On a répondu à l'obligation de moyens mais ce ne sont que les préliminaires, maintenant c'est la vraie bataille. Mon angoisse elle est là. Est-ce que je ne me suis pas trompé sur l'homme ? Est-ce bien lui ?

J'ai été choisi en raison de mes compétences, et j'ai commencé à le choisir, lui, au moment où j'ai vu qu'il avait le courage politique de porter quelque chose qui était techniquement juste. J'ai découvert la politique, pour la première fois, en 1998. J'étais gendarme et j'ai rencontré Paul Quilès qui a prononcé une phrase qui m'a ébranlé. "Ce qui est techniquement juste n'est pas forcément politiquement viable." Quand tu es élevé dans un système où tout te conduit à devoir te sacrifier – j'ai voulu être à Saint-Cyr et non à l'Ena pour sauver la France – et quand un type te dit de façon aussi sèche et percutante que le sacrifice n'a de sens que s'il se conjugue avec la dimension politique, il y a un choc de culture. J'ai compris que la politique était à la fois une contrainte et une chance. Et que lui avait le courage de faire cohabiter ces dimensions. Ce que j'ai compris du patron, c'est sa liberté. »

N'avait-il pas dit, je partirai en retraite quelques jours, me reposer, méditer. Il faut se préparer à habiter la fonction. Il faut du calme et de la sérénité pour prendre la distance nécessaire. Si proche des moines et des cathédrales, ne s'était-il pas enorgueilli de quelque subite transfiguration ? N'avait-il pas dit, j'irai dans une abbaye, ou dans la solitude d'une maison amie, réfléchir à l'ampleur de la tâche ?

C'est dévorant des langoustes en famille, sur un yacht de soixante mètres, au large de Malte, qu'on le trouvera.

Au Jardin du Luxembourg, il y a des Noirs, des Blancs, je me dis tiens, il y a aussi des juifs (je prends pour une kippa une plaque brillante de gomina), et il y a un métis, notre président élu, Nicolas Sarkozy. Bronzé à l'extrême pour sa première sortie, à un bon mètre de Jacques Chirac, encore dans ses hautes fonctions, écoutant un chant révolutionnaire de 1794, *La Liberté des nègres*, il contemple, curieusement figé, l'entrelacs déconcertant appelé « œuvre » commémorant le souvenir de l'esclavage et son abolition.

Sous le soleil de midi, longeant le cercle des présents, les présidents serrent les mains. Le président élu me tend la main, et je la serre. Il est autre, et je suis autre aussi.

Ivan me cite une phrase de Mitterrand rapportée par un proche : « Pour accéder à la fonction suprême, il faut désirer, aimer, et enfin vouloir. » Et il commente aussitôt, bien sûr il n'y a que *vouloir* qui compte. Je suis troublée par la vérité de ces mots. Ceux de Mitterrand et ceux d'Ivan. Côtoyant Nicolas pendant ces mois, je n'ai vu que le *vouloir* à l'œuvre. Le désir et l'attrait de la politique, principes vitaux mais qui n'engagent pas tout l'être, ne l'habitent plus. Ils ont constitué sa matière en une époque que je n'ai pas connue et dont il ne cesse d'exprimer le regret.

Il est étrange de vouloir *à n'importe quel prix,* au prix des plus grands renoncements, quelque chose qui n'excite plus et qu'on a cessé d'aimer. Déserté par les formes vitales, il reste le vouloir. Le *vouloir* comme résidu. Si puissant cependant.

G. joue. Il prend des coups. Il est blessé, mais il s'amuse aussi. Je lui dis, que veux-tu faire à présent de ta vie ? Il répond, c'est la question. Car G. désire, aime, et n'est pas sûr de vouloir.

Feuilletant les cahiers – ils parlent d'un temps révolu – je tombe sur cette phrase « On va peut-être finir par gagner quand même. » J'avais entouré les deux derniers mots.

Quand même le voici président de la République française.

Il m'a appelée à son retour de Malte.

Je voulais t'embrasser Yasmina. Je voulais te dire

174

combien j'ai été heureux de ta présence pendant cette campagne. Je le remercie et ajoute, tu te souviens de notre accord ? Il dit oui. Tu te souviens que je t'accompagne jusqu'à la fin du mois de juin ? Il dit, tu restes autant que tu veux.

Une autre vie commence, écrit dans Le Monde, Philippe Ridet. Une vie qui se déroule désormais sans Laurent, sans Jean-Michel, sans Frédéric. Et sans Élodie.
Quand le prince devient roi, me dit José Frèches, ceux qui ont vu le prince pleurer sont envoyés dans les mines de sel. Depuis la nuit des temps.
Ai-je vu le prince pleurer ?

Je le retrouve le 16 mai, jour de son entrée à l'Élysée.
Dans la salle des fêtes du palais, sous les grands lustres, cantonnés derrière le cordon protecteur, les invités attendent. Membres du Conseil d'État, membres du corps diplomatique, de la Cour des comptes, membres de toutes sortes de confréries, congrégations, hommes politiques serrés en grappes, invités personnels, famille, relations du monde des affaires, de la culture, journalistes en retrait et en hauteur, tous patient aimablement. Un homme se distingue, non par sa position géographique, certes détachée, mais par sa mine creuse, tragique,

sa raideur anormale de corps devant le micro, son amère et étiolée solitude, le président du Conseil constitutionnel, chargé de proclamer les résultats du 6 mai, Jean-Louis Debré. Regarde comme il a l'air fou de joie, me dit Glucksmann, il est en train de contempler une France à laquelle il ne s'attendait pas. Apparaît Cécilia, en robe ivoire Prada, accompagnée de Louis, de ses filles et des fils aînés du président. Après quelques effusions auprès des invités, elle retourne se placer avec les enfants, à droite du pupitre vide. Elle est belle, les enfants sont beaux, blonds, lustrés, heureux d'être exposés. Il arrive. S'arrête derrière le pupitre. L'héroïque Debré parvient à faire sortir d'une glotte paralysée depuis une heure : « ... Vous incarnez la France, symbolisez la République et représentez l'ensemble des Français... » Un général d'armée lui présente le grand collier de l'ordre national et de la Légion d'honneur. Il saisit le large écrin et contemple le collier, légèrement hébété. Il retourne devant ses feuilles pour lire sa première allocution présidentielle... *Exigence de respecter la parole donnée et de tenir les engagements... Exigence de réhabiliter les valeurs du travail, de l'effort, du mérite, du respect...* Des mots de campagne qui me semblent étrangement calcifiés, *Morale..., dignité..., tolérance..., justice..., fraternité..., amour...* Des mots, de nature à créer l'illusion lyrique dans un processus de mouvement et d'effort en soi, apparaissent figés, vidés de leur vertueuse substance. (Mon ami Marc qui l'a soutenu publiquement me dira le lendemain, encore deux semaines de discours sur le devoir et le respect et je passe à l'extrême gauche.) Une calcification du discours dont je crains qu'elle ne corresponde, ce jour, dans le faste du lieu, devant le parterre qui est déjà une cour, à une calcification de l'être, bien que la chose soit pour ainsi dire aberrante. Pourtant c'est un autre que je vois de profil interpréter sa solennelle corvée, égrener le chapelet des exigences dont il se plaît à être le dépositaire, un autre, soutenu par une famille unie et scintillante, serrant les mains pardessus le cordon à des gens heureux et pliés, remerciant pour tout et pour rien, car il ne doit rien à personne et il le sait, un autre, s'enfuir vers sa première journée de chef d'État en exercice, avec ses nouveaux favoris ou ses favoris nouvellement gradés, un roi moderne dans son château ancien, et me vient la pensée sèche que c'est la dernière fois que je l'observe dans son apparat, de près, pour de vrai comme disent les enfants. Une fin effilochée et brutale. *Tu restes autant que tu veux.* Non.

Au restaurant Farnesina, à 14 heures, je regarde le président de la République, sur le téléphone portable d'un ami, descendre les Champs-Élysées dans sa voiture décapotable. Debout, main levée, entouré de motards, il est tout petit dans la main de Jean-Pierre, et je dois mettre l'appareil à mon oreille pour entendre les vivats.

Je vous appelle Yasmina, pour vous dire que vous faites partie de la délégation qui va demain sur le site Airbus à Méaulte. Je décline. J'explique encore au chef de cabinet, ce que j'ai dit la veille à Claude Guéant devenu secrétaire général de l'Élysée, que j'arrête de suivre Nicolas Sarkozy.

Au cours des informations, je vois les images du déplacement. Le premier « déplacement » sur le territoire français. Je vois le président et son ministre des Finances, Jean-Louis Borloo, avancer à pleine allure le long des cockpits, s'arrêtant comme autrefois pour observer un réglage, saluant comme autrefois les salariés dans le grand hangar propre. Je le vois comme autrefois à la table syndicale, devant la maquette de l'A310, nerveux, agité, je remarque les tics de visage que je connais, je pense que la journée est longue, contrariante, je le regarde de chez moi, et j'écoute, sur ces morceaux d'images et de sons montés, les inflexions d'autrefois, en différé comme tout le monde.

Le soir même, le nouveau chef de cabinet m'appelle pour me dire que le président souhaiterait me voir.

— Comment tu trouves ? Un peu triste, non ?
Nous sommes seuls dans son bureau. Le bureau du président de la République, à l'Élysée. Un an presque jour pour jour après notre première rencontre au ministère de l'Intérieur. Sur le trottoir d'en face (comme il s'est plu à le dire).
— J'ai enlevé des tas de trucs que Chirac avait laissés. Il y avait une grande corne de... (il fait un geste).
— De rhinocéros ?
— Non... Tu sais les types qui sont dans l'eau, qui ont une corne... Tu vois ?... (je ne vois pas et lui ne trouve pas le mot)... Tu veux un café, un jus d'orange ?
Il s'est assis sur une banquette dorée, moi sur un siège doré. Entre nous une table basse étroite, genre chinoise. Tout est doré, rideaux dorés, moulures dorées, tapisseries dorées.
Je dis : « Tu es content ?
— C'est le mot que tu choisis ?
— Je ne vais pas dire heureux.
— Je suis serein.
— Serein, c'est bien.

179

— Oui. Je suis content en profondeur, mais je n'ai pas de joie. »

Il a étendu ses jambes devant lui. Je ne suis pas sûre que cette banquette lui convienne. Dans la pièce, il y a trois bouquets de pivoines, blanches et roses.

Je me tais. Je pourrais dire, pourquoi voulais-tu me voir, mais je ne le dis pas. Il pourrait dire, pourquoi veux-tu t'arrêter, mais il ne le dit pas. À quoi bon ? Nous connaissons les réponses et toute forme d'explication dégrade.

Nous parlons donc... politique. Le nouveau gouvernement. L'ouverture à gauche. Un tel. Une telle. Soudain il se lève, s'empare d'un petit meuble moderne insignifiant, moitié tabouret, moitié table de chevet, qui se trouve près d'une fenêtre, et sans aucune raison va le poser contre le mur opposé. Puis il revient s'asseoir. Je dis, c'est fou ce que tu viens de faire. Il dit, ah bon ?

Il me sourit en silence comme autrefois quand rien ne pressait, dans les avions, en attente, dans les loges. Dans ces lieux intermédiaires où l'immobilité ne signifie pas la mort, au contraire, juste une place où reprendre haleine. Il venait, me disait-il, dans ce bureau, en visiteur impétueux. Il n'était pas celui qui restait, regardant à travers les vitres, la pelouse vide, concave, et au fond, le jet d'eau interminable.

G. m'énumère le nom des villes où il va. Ce ne sont pas des noms de villes mais des noms de jours, des dates, les points de chute d'un cycle sans fin que les hommes s'inventent pour échapper à la torpeur du banal ; élections, conseils, congrès, universités, où il faut tenir son rang d'important, persister dans la lumière crue qui confère un avenir, car il n'y a pas d'autre vie.

Assis, au bout de la banquette sur le grand fond de mur imprimé, et pour peu que l'image soit en noir et blanc, celui qui habite désormais ces lieux me fait penser à un sujet de Diane Arbus, garçon victorieux, figé, seul, sous un ciel de guirlandes. Épaules un peu tombantes sous la chemise blanche bien coupée, abandonné à une stupeur tranquille, sans effort d'attrait. Feuilleté encore *Révélations*, l'album extraordinaire d'Arbus. Assortiment de solitudes, compilations de vies fragiles sur des canapés à fleurs, sur des bancs de parc, au bord de lits vides, des corps enlisés, en attente de rien, malgré l'attirail de parures, attifements, coiffures infernales, et c'est exactement cela, me dis-je, que fuient les hommes dont je parle, l'endroit où il n'y a rien à attendre, les lambeaux d'hier, le train monotone, l'existence qui passe inaperçue.

Mots de Didier : « Les femmes ont du bonheur à gigoter. Nous, on n'a rien, on a la télécommande. On n'a pas le crayon à cils, le sac, tout ce qui colore, c'est un boulot d'être femme. Nous on n'a pas ça, on est plus fragile à la vague de l'ennui, à l'éreintement du temps, il faut qu'on trace comme des dingues, à toute blinde. »

Le président s'en va. (Je reste à l'étage car je veux voir Henri qui occupe le bureau d'à côté.) Il part en enfilant sa veste. Il file. Il déguerpit. Je le vois marcher, de dos, se tourner pour un dernier signe, vérifiant les poches, le portable, disparaître dans l'embrasure en une claudication légère. Pressant l'allure, me dis-je, à peine la veste saisie sur le dossier du fauteuil doré, pour s'enfuir on ne sait où, glissant le bras dans la manche, frétillant de le faire comme l'attestation même de la vie. Il lui faut sortir, s'en aller dehors, déjouer l'encerclement des murs, leurs silencieuses manœuvres.

Avant qu'il ne disparaisse j'avais dit, je voudrais te demander une chose. Oui ? Je voudrais que tu m'accordes ce que tu n'as jamais voulu faire. Quoi ? Une conversation réelle.

Samedi 2 juin.
— Viens, viens Yasmina !

Je le suis dans son bureau. Il ferme la fenêtre.
— Je n'avais pas remarqué que tu avais un balcon.
— Moi non plus.

Je suis assise, à la même place que la dernière fois.
Et lui sur sa banquette :
« Je ne peux pas te dire que je suis malheureux...
Me voilà enfin débarrassé de ce fardeau... »
Il est en blue-jean. Pendant qu'il parle, il nettoie
sa montre avec un mouchoir blanc.
« Gagner, c'est plaire, dit-il, mon métier, c'est
décider. J'étais beaucoup plus inquiet de ma capa-
cité à plaire. »
Il a domestiqué la banquette, me dis-je, il est satis-
fait de sa conventionalité et de son inconfort.

Dans le salon silencieux, le cahier sagement posé
sur mes genoux, sans qu'aucune péripétie puisse
survenir, chaque parole prononcée s'en trouve
comme atrophiée.

Assis, face à face dans le salon silencieux, réduits
au raisonnable, alors que c'était le mouvement
même qui portait l'écriture.
Aucun état de grâce, dit-il (je le crois) tandis que
les journaux ne parlent que de ça. Je le regarde,
visage penché sur les maillons de la Rolex, appliqué
à sa tâche, appliqué à choisir les mots authentiques

comme je lui ai demandé. Une application à être, un sérieux, que je lui ai toujours connus pendant ces mois où, malgré le goût du clinquant, les allures de bonne humeur, ou de rieuse excitation, il n'y avait pas la moindre trace de frivolité, cette dilatation de joie nécessaire à la grâce.

Un an, depuis le jour où je le remerciais de me recevoir, m'attendant à un refus, m'attendant au mieux à, je vais réfléchir, et non à ce oui sur-le-champ. Sur mes premières notes du premier cahier, je lis les prophétiques énumérations, Agen, 22 juin 2006 – maquillage – portable – sécurité – vitesse – pas de temps mort – pas une seconde sur place, sauf pour photos – aspect enfant – chocolat – pâtes de fruits – picorant – picorant – riant – *Je veux vivre*, dit-il dans l'ultime bureau, au cours de cette « conversation réelle », je demande, ça veut dire quoi ? Sur une double page du Paris Match de la semaine qui suit son élection, il y a une photo de lui, en noir et blanc, sur un vélo à Vesoul, datant de novembre 2001. En boxer de cycliste, engoncé dans un K-Way bouffant, il roule en se tournant vers l'objectif. Il sourit, d'un sourire disgracieux et étonnamment gai (comme celui des enfants dont l'expression n'est pas encore polie pour la séduction), il pédale, il roule, il ne veut rien savoir d'autre. Je ne peux rien tirer de cette conversation réelle, je veux dire rien pour l'écriture. Le jean du samedi, la courbure du corps sur la banquette, le nettoyage de la montre, les détails faiblement éclairés de l'homme me requièrent plus que les mots.

On dit qu'Ulysse, assouvi de prodiges,
Pleura d'amour en voyant son Ithaque
Verte et modeste ; et l'art est cette Ithaque
De verte éternité, non de prodiges.

Borges

Un jour, sur la route, vers Marseille, Patrick Devedjian m'avait dit : « Le pouvoir c'est comme l'horizon, plus il s'approche, plus il s'éloigne. Mais il faut voir le paysage qu'il y a derrière la montagne. Peut-être que c'est le voyage d'Ulysse. Parti comme lui à la recherche de ses origines. La présidentielle, c'est le voyage d'Ulysse. »
J'avais noté ces séduisantes conjectures.
Mais quelles origines ? Aucune patrie qui ne soit celle de l'oubli ou de l'indifférence. Ni lieux, ni jours ne sont restés. Étranger à mon passé, avait-il dit. Il est né sur une terre qui n'est rien, qui est nulle part, et il n'y a pas d'Ithaque. Encore moins verte et modeste, ou de verte éternité. Je comprends pourtant qu'on puisse en avoir la nostalgie. *Voir ne fût-ce que la fumée s'élevant de sa*

terre... tant il est vrai que rien n'est plus doux que la patrie et les parents. Une nostalgie sans recours. Derrière la montagne, il y a la mémoire du temps des prodiges, la trace fuyante de l'éclat, mais il n'y a ni fumée, ni verte prairie, et il n'est même pas sûr qu'il y ait quoi que ce soit.

Ma grande reconnaissance à Nicolas Sarkozy pour la liberté qu'il m'a offerte.
À Cécilia Sarkozy qui a approuvé ce projet.

Je remercie tout particulièrement Laurent Solly.

Et Élodie Grégoire.

Également Jean-Michel Goudard, Samuel Fringant, Franck Louvrier, Pierre Charon.

Remerciements à David Martinon, à Michel Besnard et son équipe.
À Hugues Moutouh.
À tous ceux que je ne peux citer et qui se sont préoccupés de moi durant ces mois, à Paris, ou lors des multiples déplacements.

À tous les malheureux qui ont dû rechercher mon portable, mes lunettes, ma trousse de maquillage, et ainsi de suite...

À tous les photographes et journalistes qui ont suivi Nicolas Sarkozy lors de cette campagne et ont respecté mon désir de discrétion.

Et enfin, de façon différente et non moindre, je veux exprimer ma gratitude à mon amie Nicole Garcia pour la conversation qui m'a encouragée.

CET OUVRAGE
A ÉTÉ ACHEVÉ D'IMPRIMER
SUR ROTO-PAGE
PAR L'IMPRIMERIE FLOCH
À MAYENNE EN AOÛT 2007

N° d'éd. L01ELJN000166.A003. N° d'impr. 69030.
D. L. : août 2007.
Imprimé en France